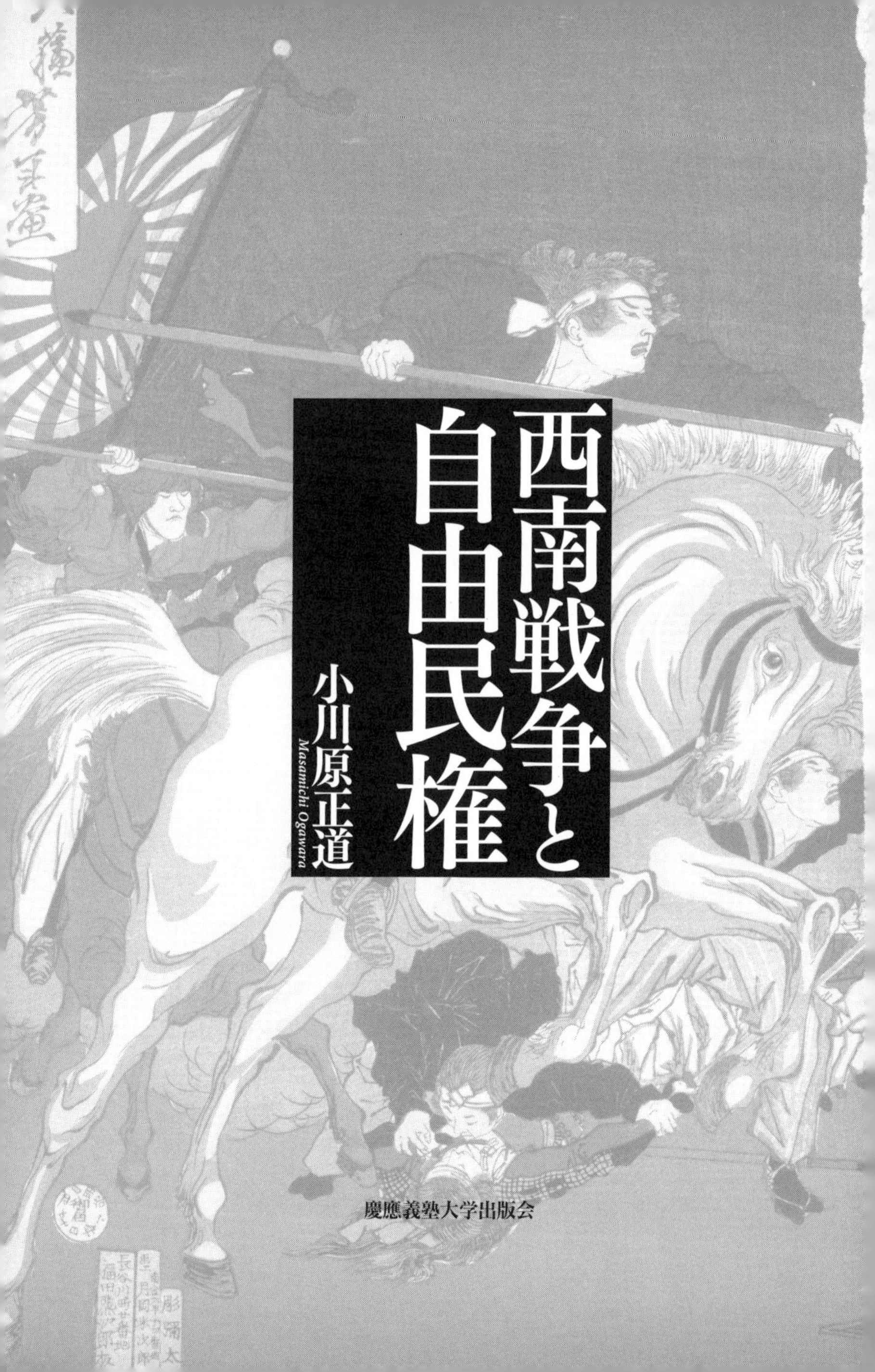

西南戦争と自由民権

小川原正道
Masamichi Ogawara

慶應義塾大学出版会

西南戦争と自由民権　目次

西南戦争と自由民権

序章　言論と武力の狭間で

西南戦争の勃発と政府の震動

鹿児島と高知とは、明治六年（一八七三）以降、反政府勢力の二大拠点であった。明治六年の政変にやぶれた西郷隆盛と板垣退助とは、それぞれ参議の職を辞して帰郷し、多くの鹿児島・高知出身の近衛兵や警察官が行動をともにした。

西郷は鹿児島に私学校を創立して隠遁生活に入るが、私学校党の反政府的傾向は顕著であった。板垣のもとには立志社が設立され、彼自身は民選議院設立建白書に名をつらねて民権運動を立ち上げていくことになるが、この建白書提出の直前に高知士族によって岩倉具視暗殺未遂事件が起こされるなど、高知でも反政府の気配は濃厚であった。全国各地で不平士族がかもし出す不穏な空気がくすぶっており、明治七年に佐賀の乱、そして明治九年には神風連の乱、秋月の乱、萩の乱と、西日本各地で士族反乱が続発した。おりしも高揚していた地租改正反対一揆と連動した全国的反乱勃発の脅威は、明治十年一月、内務卿・大久保利通をして大幅な減税に踏み切らせる事態を生んでいく。

かかる情勢のなかで明治十年二月、私学校党が西郷を擁して起ったとき、これが全国規模の反乱に拡大するのではないか、果たして板垣は、立志社は呼応して起つのか――このことに政府が関心を寄せた、いや、恐怖したのは当然であった。

大久保利通は二月七日、工部卿・伊藤博文に宛てた書簡において、「西郷ハ斃ル、ニモセヨ関セサルニモセヨ同県ニ事有ル日ニハ全国其影響を及ホシ一時天下ハ瓦解ト見ルヨリ外ナシ宛然戊辰東北戦争之時分ニ異ナラサル可シ」(1)として、鹿児島の蜂起は戊辰戦争の再来となると書いた。陸軍卿・山県有朋は二月十二日、「南隅一タヒ動カハ之ニ応スル者」として、肥前、肥後、久留米、柳川、阿波、土佐、因備、彦根、桑名、静岡、松代、大垣、高田、金沢、酒田、津軽、会津、米沢、館林、佐倉を列挙し、「其已ニ破裂スルヤ天下山崩ノ勢トナラン何ソ今指名スル所ノ旧諸藩ニ止マランヤ実ニ天下ノ大乱ト予図セサル可カラス」(2)と、太政大臣・三条実美に報告している。ここに列挙されたのは主に、徳川恩顧の旧藩や戊辰戦争において「賊軍」の汚名を着せられた旧藩、すなわち明治政府に怨恨を抱く地域にほかならない。

木戸孝允は薩軍出征直後の二月二十日、岩倉具視宛の書簡で、「土州因州抔の人」が「不平怨望の徒私心を遂候には今程好機会は無之仮令百県反復蜂起候共不弁所と吐露申候」(3)と伝え、彼自身も、これが全国規模の蜂起につながることを恐れて早期討伐を強く望み、征討軍に加わって討伐に向かいたい意向を示した。この決意は、当時彼を襲っていた病や、大久保利通が主導する現実政治に対する絶望的感想も加わって、やや自己破滅願望的色彩を帯びていたが、当時木戸の身近に「百県反復蜂起」の影が迫っていたことは事実である。『木戸孝允日記』二月十七日条に、後藤象二郎が訪れて「土佐る。

の内情」を語ったとあるから[4]、不平士族が政府への怨恨を晴らす好機会とみて「百県反復蜂起」する可能性があると語った「土州」の人は後藤だと思われるが、この後藤とともに上京していた林有造こそ、「蜂起」の中心人物であった。後藤は木戸と連携して政権に復帰し、長州・土佐の協力をもって大久保を追放することを画策していたが、林はすでに議論工作は無用として、銃器の獲得に動いている。

　土佐が起てば四国が乱れ、それは大阪や京の危険に直結するというのが政府側の警戒であり、このために政府はその密偵網をもって立志社の動向を探っていた。たとえば四月八日、岩倉は土方久元に「外国人内談、器械、弾薬、船云々」「林有造東京へ帰来、山林代金云々」「政府士族兵ヲ募ラバ云々」「暗殺論云々」と記した覚書を渡しているが、それは、林が白髪山の買い上げ金をもって外国人から銃器弾薬を購入し、士族募兵に応じることを装って決起、大阪では大江卓等が政府要人の暗殺を企てていたことを、ほぼ正確につかんでいたことを示している[5]。このまま土佐が決起すれば、それは憂慮すべき事態を生むであろう。五月三十日、岩倉は三条宛の書簡において「高知県事情立志社弥破裂之趣一度ヒ暴発候ハ、各社同意ハ勿論薩日隅之如ク四国一般ニ波及モ不可測誠ニ大事ト懸念此事ニ御座候」と記し、もし立志社が暴発した場合は四国一帯に拡大する懸念が大きいと警戒して、注意を呼びかけた[6]。政府は結局、高知県内からの武器弾薬の押収と、四国警備のための警視隊の派遣に踏み切ることになる。

立志社は結果的に決起の機会を逃し、戦時下から言論を軸とする民権運動へと舵を切っていくことになるが、ほかの民権家の中には、薩軍に参加した面々もいた。薩軍の敗北によって武力による抵抗はもはや可能性を失い、反政府運動は言論による運動へと収斂されていくが、果たしてその武力による抵抗は「完全に」放棄されたのか、あるいは「一時的に」回避されたのか。のちに立志社がその私擬憲法案に抵抗権を盛り込み、実際に自由党激化事件が発生していく過程を知っている我々は、この点に注意せざるをえない。そして、西南戦争の戦時下で「舵を切った」とするなら、それはいかなる過程を経て、いかなる思想的・運動的背景を踏まえてなされたものだったのか。

本書では、明治六年政変後に展開された高知士族による言論と武力による反政府運動がいかなる思想のもと、いかに展開されたのかについて検討し、その上で、西南戦争期の高知と鹿児島の民権家の思想と行動、それらに強い関心を寄せていた福沢諭吉の思想、などについて検討を加えていく。西南戦争については政治運動史上の重要な転換点と捉えるが、その「転換」の過程と意義については、右のような背景から、慎重に考察したい。なお、松沢裕作氏は最近の研究で、西南戦争に際して立志社は武装蜂起論と板垣らの政府復帰を狙う「わりこみ」、そのための「ゆさぶり」をみせたとし、「わりこみ」の事例として郷土防衛のために設立が企図された「護郷兵」計画と、片岡健吉によって提出された建白書をあげている。(7) 本書では、必要に応じてこの「わりこみ」にも目を向けていきたい。

西南戦争期について、まず具体的に取り上げるのは、高知の民権運動と西南戦争との関係である。

愛国社の創設（明治八年）からその再興（明治十一年）にはさまれたこの間において、立志社内で西南戦争に呼応した挙兵計画が練られ、これが挫折する一方、立志社は国会開設建白を提出して愛国社再興への道を形成していった。この再興愛国社の第三回大会において国会開設請願運動が開始されることが決定され、それが民権運動の全国的展開の狼煙を上げることになったことは、よく知られている。しかし、立志社の象徴的存在であった板垣退助と立志社挙兵計画との関係については諸説あって、資料の発掘を含めた慎重な検討が求められており、「挫折」がもたらした教訓の内実も、十分あきらかにされてはこなかった。果たして板垣をはじめとする土佐の民権家は、西南戦争によって何を学び、それをどう運動へと展開させていったのか。我々はこれから、百四十年前の反政府運動家の思索の森へと分け入ってゆきたい。

また、鹿児島の民権運動については、これまでその研究の遅れが指摘されてきたが、とりわけ明治八年の竹下弥平による憲法草案の起草から明治十三年の国会開設請願書提出に至るまでの間、すなわち西南戦争期については、県内での民権家の活動自体が知られておらず、戦前と戦後の民権運動は、いわば切り離されて考えられてきた。しかし、実際には西南戦争直前に地方議会を設立する動きがみられたし、それは戦後の民権運動と思想的にも人的にも連続しており、私学校党も民権運動とは無縁ではなくなっていく。その連続性は注目に値しよう。その意味で、西南戦争期、そして西南戦争後の鹿児島の民権運動について、やや長期的な視座から考察したいと考えている。

そもそも、西南戦争は民権家にとって、「光」と「影」の二つの側面をもっていた。

第一に、それは憎き明治政府を現実に打倒しうる可能性を示したという点で「光」であった。西郷は政府に対抗するという面において民権家に希望を与え、そこに政府打倒と理想実現の機会をみた。薩軍に民権派が加わった、あるいは加わろうとしたのは、そのためである。しかし第二に、私学校党は民権論を理解しない、むしろ守旧派に属する人々であったという点で「影」であった。守旧という点からすれば明治政府も西郷も同じであり、たとえ西郷が勝っても立憲主義への道はひらかれないとしたら、むしろ社会を攪乱し独立を脅かす西郷軍は敵であり、反乱という治世の混乱を前に政府に立憲主義の実現を求めるべきだと、『東京曙新聞』や『郵便報知新聞』などは論じた。(8)

「光」の部分に運命を託した代表的存在が、熊本協同隊、中津隊といった薩軍に参戦した民権党である。

熊本協同隊の母体は民権党と呼ばれる士族結社で、中心人物には宮崎滔天の実兄・八郎がいた。(9)宮崎等は明治八年四月に植木学校を設立して熊本県下で民権運動を主導し、学校では聖書や漢籍、福沢諭吉の著書のほか、モンテスキューやミル、ルソーなどが講じられ、特にルソーの社会契約論は経典のように扱われていたという。征韓論や国会開設、天賦人権論などを思想的軸とした彼等は、明治九年暮れから「戸長征伐」に奔走し、官選の戸長を襲撃して、民選戸長・民選民会の開設を要求していた。

薩軍が熊本鎮台の南、川尻に到着したとき、彼等は保田窪神社に終結し、政府の内政の陋習、専断

政治、外交の失策、苛烈な刑罰、私情を反映した賞罰、朝令暮改、言論の圧迫などを逐一批判した上で、「上は以て姦臣を掃除し、下は以て百姓を塗炭に救ひ、内は以て民権を保全し、外は以て国権を拡張」しようと語り合った。決起趣意書も政府批判を展開した上で、いまこそ政府を打倒して内政外交を建て直し、「全国人民ト共ニ真成ノ幸福ヲ保タン」と述べている。[10]

彼等にとって最大の課題は、「影」の部分であった。植木学校の講師だった松山守善が宮崎に対し、率直に問うている。「君は西郷西郷と常にいうが、西郷は帝国武断主義にてお互いの主義理想とは相容れざるが君は如何に思うや」。これに対して宮崎は、「実に然り、然れども西郷に拠らざれば政府を打倒するの道なく、まず西郷の力をかって政府を壊崩し、しかる上第二に西郷と主義の戦争をなすの外なし」と答えたという。[11]協同隊は、西郷の「思想」よりも、彼が示した「政府打倒の可能性」に賭けたのである。

一方、大分で決起した中津隊の中心人物は、増田宗太郎であった。福沢諭吉の親類にあたる増田は、慶應義塾に学び、明治九年十一月からは『田舎新聞』を発行して、民権運動に尽力していた。薩軍決起の知らせが寄せられると、彼は桐野と面会した上で挙兵を決意し、中津支庁や警察署を襲撃する。

決起にあたり、増田は三条実美に建白書を提出している。そこで増田は、内治の改進による欧米各国への比肩という国家目標には賛同しつつも、有司専制や、征韓論を廃しながら征台を実施した変節を批判（明治政府は国内政策優先の立場から明治六年に征韓論を却下したが、翌年に台湾出兵を実施していた）し、西洋による「奴隷」化に危機感を示して、金貨流出、国債増加を憂え、政府に尋問しようとする西郷の声にも耳を傾けるべきだと指摘した。「政府は天下の政府にして、国家は人民の国家なり」と

述べる増田等は、維新の英雄を誅する行為を嘆き、我々は西郷のもとに参じるので三条閣下も「猛省」してほしいと結んでいる。[12]

民権家と思想家の肖像

増田は城山まで西郷についてゆき、死んだ。宮崎は熊本でルソーの社会契約論を懐中にしたまま戦死したと伝えられている。

林有造等の立志社挙兵派もまた、「光」に賭けた。林や大江卓は、西郷の決起に呼応して挙兵し、大阪鎮台を攻撃、政府を打倒して民選議院を設立しようと企てるが、その試みが達成されたとして、果たして守旧的な薩軍側はこれを受け入れるだろうか。その「影」の前に、林は「西郷氏ト八論ヲ異ニスルモ共ニ政府ヲ転覆シ事ニ依ラハ又鹿児島ト戦ハン[13]」、すなわち政府打倒後に西郷側と意見が合わなければ、これと戦うことを考えていた。彼は宮崎と同様、「影」にはひとまず目をつむり、まずは「光」に賭けたのである。

しかし、その計画は薩軍の劣勢と政府の監視、さらに計画そのものの杜撰さのゆえに挫折する。挙兵計画が挫折して以降の高知では、板垣の示した言論（新聞発行、公開演説会の開催など）、教育（立志学舎の活用）、建白を軸とする民権運動が高揚し、やがてその潮流は、明治十一年の愛国社再興へと結実していく。それは「平和的」反政府運動の系譜のようにみえるが、彼等は武力による抵抗権を放棄せず、その憲法案にこれを明記することを忘れなかった。そこには、「転換」と「連続」がある。

この教育の振興を支えたのが、慶應義塾であった。義塾は以前から立志学舎に教師を派遣しており、

この教育体制の強化に伴う立志学舎からの教師交代要請に応じて、新たな教師を高知に送り込んでいる。ちょうどそのころ、慶應義塾の創立者・福沢諭吉は、親類の増田宗太郎が決起したことに強い懸念を示して「旧藩情」を記し、これを、旧中津藩内を支配していた武士階級間の対立に原因しているとみて、学校の設立と結婚を通じて旧弊を打破することを訴えていた。その福沢にとって、鹿児島士族は自治・自由・自主の文化と伝統が息づいた人々と評価されており、福沢は西郷の示した専制政府に対する「抵抗の精神」を高く評価した上で、西郷はあくまで「学問の精神」をもって地方自治を推進し、学問や産業などを発展させ、さらには立憲政体や民選議院をも設立して全国の面目を一新すべきであったと記していた。その福沢にとって、高知の民権家が結局決起に走らず言論による運動に乗り出したことは高く評価されるべきものであり、実際に福沢は板垣退助に大いに期待し、これを評価した。

戦後の鹿児島

西南戦争が終結し、国事犯として収監された人々が刑期を終えて帰郷して以降、鹿児島の政治運動は盛り上がりをみせ、かつて守旧派として民権家から嘆息された元私学校徒による民権結社も結成される。「第二の私学校」と呼ばれた三州社が、それである。三州社は「第二の私学校」として政府から警戒の視線を向けられるが、そのきっかけとなったのは、武力路線を踏襲した自由党激化事件であった。かつての私学校党が、再び武器を取って起つのではないか――。政府は、恐れた。その意味で、三州社は政治運動における「転換」の象徴でもあり、同時に、「連続」を表徴する存在でもあった。

鹿児島県内で三州社と並んで民権派を代表したのが、九州改進党鹿児島部である。開戦前、慶應義塾出身の民権家・柏田盛文や田中直哉は、故郷の鹿児島に帰って決起を阻止しようと説得を試み、民会の設立や学校の創設によって危機を打開しようと試みた。それが日の目をみないまま、薩軍の決起を迎えることになるのだが、柏田や田中は戦後、九州改進党鹿児島部の幹部となり、民権運動を支えた。

当代きっての反政府運動家・板垣退助や、明治を代表する思想家・福沢諭吉から、急進活動家の林有造、第二の私学校、そして鹿児島の民権家・柏田盛文まで、本書の登場人物が一応出そろったようである。まずは明治六年政変後の高知士族の動向から、言論と武力による反政府運動の系譜をたどっていこう。

註

（1）日本史籍協会編『大久保利通文書』第七巻（マツノ書店、平成十七年）、四九〇頁。
（2）多田好問編『岩倉公実記』下・二（皇后宮職、明治三十九年）、一四一一―一四一二頁。
（3）妻木忠太編『木戸孝允文書』第七（日本史籍協会、昭和八年）、二九六頁。
（4）妻木忠太編『木戸孝允日記』第三（日本史籍協会、昭和八年）、五一二―五一四頁。
（5）「岩倉具視関係文書」（国立国会図書館憲政資料室蔵）。
（6）前掲『岩倉公実記』下・二、一五二一頁。
（7）松沢裕作『自由民権運動―〈デモクラシー〉の夢と挫折―』（岩波新書、平成二十八年）、六六―六九頁。
（8）遠山茂樹『自由民権と現代』（筑摩書房、昭和六十年）、六〇―六二頁。
（9）以下、拙著『西南戦争―西郷隆盛と日本最後の内戦―』（中公新書、平成十九年）、第三章、参照。

（10）宮崎滔天「熊本協同隊」（宮崎竜介・小野川秀美編『宮崎滔天全集』第四巻、平凡社、昭和四十八年）、一〇七―一一四頁。
（11）「松山守善自叙伝」（『日本人の自伝　2』平凡社、昭和五十七年、所収）、四三三頁。
（12）「三条実美関係文書」（国立国会図書館憲政資料室蔵）。
（13）高知地方史研究会編『土佐群書集成　第十五巻　林有造自暦談』下（高知市民図書館、昭和四十三年）、五頁。

第一章　明治六年政変後の「建白論」と「直接行動論」
――言論と武力の相剋――

一、はしがき

明治六年（一八七三）の征韓論争での敗北により、板垣退助は、西郷隆盛、後藤象二郎、江藤新平、副島種臣の四人の参議とともに辞職し、桐野利秋、篠原国幹、村田新八をはじめとする鹿児島出身の軍人・官吏が西郷とともに職を辞した。高知県出身者の場合は板垣の説得もあって鹿児島ほど多くなかったものの、片岡健吉等が軍の不規律、無節制を不満として辞職した。辞職した高知士族は片岡以下、谷重喜らであり、これにより、近衛兵は壊滅的な打撃を受けることになる(1)。

板垣と後藤が辞職し、その他の高知出身近衛将兵も辞職を決意して帰郷しつつあった明治六年十一月、かねて高知藩士の集会所として利用されていた呉服橋近くの「大槌屋」で、在京の土佐出身者が一堂に会した。この場に出席した佐佐木高行は日記にその様子を記している。「皆曰ク、今般ハ天下ノ大事件也、同藩人ハ各覚悟スベキ時ナリト」。政府に対する反感が昂揚する中、後藤は、「欧米人曰ク……兵隊ノ政府ヲ離レタル時ハ、其政府ハ不相立ト云ヘリ、実ニ然ラン」と述べ、佐佐木はどんな時も維新の事業を助けるのが本分であると反駁、板垣は佐佐木に賛同したものの、全体の傾向は後藤寄りであったという。(2)

この月のうちに、一部の官僚や軍人らが帰郷することとなり、在京組ともに海南義社を設立した。その「盟約趣意書」には、東京残留組と帰郷組とが連絡連携して「一旦緩急有事ノ際」に「内ハ皇国ヲ愛護」と「外ハ強御ヲ捍」ぐため「全力」を尽くすこと、すべては協議の上で一致して行動し、「諸事己レヨリ上任ノ者ニ服従スル」ことなどが掲げられていた。(3) 平尾道雄氏や外崎光広氏が指摘しているように、軍隊的組織によって有事の際に武力行動に移ることが考えられていたのだろう。(4) 内藤正中氏はここに岩倉襲撃犯との共通点を読み取り、襲撃犯らも社員だったかも知れないと推測しているが、(5) 実際、福島成行の『赤坂喰違の事変—征韓論余聞—』によると、この場に参加した東京残留組のうち首領に推されたのは、岩倉襲撃の主犯格・武市熊吉であったという。(6) 後述するように、林はこれを「士官兵士団結ノ規則書」と呼んでいるが、有事のための同志結集と直接行動にねらいがあったのはたしかだろう。先の大槌屋での会合で「皆」が発言した「覚悟」というのも、おそらく有事の際の武力行使を意味するものであったかと思われる。

それだけに、下野した土佐派の動きは、早くから政府に警戒されていた。佐佐木高行の日記には、明治六年十一月から翌年春頃にかけての「司法省官員」による「探索書」が所載されており、それによれば、「解隊兵東京ヲ発スルノ前日、容堂公ノ墓前ニ誓書ヲ捧ゲ、国家ノ為ニ同ジク身命ヲ投ゼンコトヲ盟フ」といい、その「盟主」は「林有造・片岡健吉・高屋左兵衛」であった。(7) 林有造の回想によると、帰国する林に対して板垣が「諸士国ニ帰ルヤ団結シテ時々集会シ時事ヲ談シ或ハ学校ヲ興シ後年有用ノ時アルヘシ」と述べ、片岡も林に協力を依頼したため、「士官兵士団結ノ規則書」を作成し、これを守ると墓前で誓ったのだという(8)。演説と教育振興を求める板垣の要請と、武力行使を前提とする実際の盟約との間にはズレがあるが、それはまさに、この時点での板垣の考えと片岡、林（あるいは義社に参加した官僚・軍人全体）の姿勢とのズレであったと思われる。

すなわち、ここで注意されねばならないのは、明治六年十一月の段階で、下野した土佐派の間に一種の路線対立がみられることである。すなわち、その大多数は「覚悟」を唱えて政府に反発し、片岡、林、谷という主だった面々は海南義社を組織、武力の行使を企図したのに対し、板垣はこれに反対、帰郷組に期待するのも「時事ヲ談シ或ハ学校ヲ興シ後年有用ノ時」に備えることにあった。『自由党史』（明治四十三年刊）によれば、この月、西郷隆盛が帰郷するに際して板垣と会合し、その席で板垣は、「民選議院の設立を以て、畢生の業と為すべきを以てしたるに、西郷は鼓掌して之を賛し、且つ曰く、予は言論を以て此目的を達し得べしと信ぜず、如かず自ら政府を取て、然る後ちにこの未曾有の盛時を行はんにはと(9)」述べたという。これが事実とすると、明治六年十一月に板垣は西郷に対して民選議院設立を主張し、一方で高知士族の強硬な雰囲気を警戒し、言論や教育の重要性を説いていたことになる。片岡や林の胸中には、有事の際の武力行使という盟約とともに、言論・教育の振興という板垣の期待も滞留していたことであろう。

帰県した元軍人・官僚を待っていたのは、現地との意見の相違であった。原轍が十二月二十五日付で佐佐木に送った書簡は、「兵隊帰県の節、世上物論恟々、最寄々々ニて党を結候様子ニ候処、雷同致候輩嘗て無之」として、帰郷した面々が結社を組織する騒然とした情勢ながらも、雷同するものはなく、県内は「平穏」で安心してほしいとしている。[10] 先の「探索書」によると、「当時ノ政府ヲ新政府ト称、内ハ新政府ヲ毙シ、外征韓ノ議ヲ唱ヘ、県内ノ人気ヲ煽動セシカドモ、一人トシテ応ズル者ナク、却テ名義ヲ以テ論駁セラレ、ソレガ為ニ屈服セシモノ多分有之ナリ」「外見ハ頗ル深意アルニ似タレ共、其内実ニ至リテハ、少シモ恐ルベキ事無ク、畢竟主宰ノ者議論モ無ク、素ヨリ人望モ無キ故、只相互ノ議論耳ノ由ナリ」と、帰郷組の語る強硬論は支持を得ることなく、むしろ反論されて、これに屈服する者が多かったという。[11] この段階、すなわち十二月下旬には、海南義社は事実上解体したとみるべきであろう。

片岡や林も、かかる情勢を前に、義社の路線から板垣の路線へと転換したものと思われる。先述の「探索書」によると、「片岡健吉帰県ノ後ハ、前日ノ論ニ反シ、県内士気ノ衰弱ヲ嘆キ、学校ヲ設立シ、人気ヲ振起セント欲シ」、学校設立を企てて県庁に運動したという。「探索書」が前段において海南義社の結成にふれ、その中心人物として片岡を挙げていることからして、「前日ノ論」とは義社の路線にほかならず、「県中士気ノ衰弱」を前に、片岡は教育という方向に転換していったことがわかる。[12]

後述するように、『自由党史』は、明治七年一月、板垣の「慫慂」の結果片岡等は民選議院設立建白に賛同したとしているが、それも右のような情勢変化を前にすれば当然であったろう。

内藤正中氏は、海南義社の軍隊的性格に岩倉襲撃犯との共通点を見出し、この襲撃犯も社員だったのではないかと推測した上で、何事も相談し団結して行動するという盟約からして、愛国公党の組織化と岩倉襲撃が実施される十二月下旬から一月初旬にかけて義社は解体したのではないかと指摘した。[13]

先述の福島成行の記述が正しければ、武市は海南義社の社員だったことになり、武市らが「武力路線」のレールを走り続けたのに対し、十二月下旬から一月初旬にかけて帰郷組や片岡らが路線変更して、義社は分裂・解体したものと思われる。

二、民選議院設立建白書と岩倉暗殺計画

民選議院設立建白書に板垣退助、後藤象二郎、副島種臣、江藤新平、由利公正、小室信夫、岡本健三郎、古沢滋の八名が署名したのは、彼等が愛国「本誓」に署名したのと同じ、明治十一年一月十二日のことである。建白書提出と政党結成による世論喚起のため、京橋区銀座に同志の集会場所として幸福安全社が設けられていた。

よく知られているように、民選議院設立建白書の起草過程については諸説ある。『自由党史』によると、明治七年一月、板垣が副島、後藤、江藤と会して「人心をして倦怠なからしめ、以て挙国一致の精神を発揮し、国家民生の隆昌を図らんには、須らく先づ公議輿論の制度を確立し、億兆をして国家と憂戚を倶にせしむるの道を建てざるべからず」と述べ、さらに片岡健吉と林有造に「国会開設の建白を慫慂」した。二人は賛同するものの自分たちでは声望不十分として板垣こそその任にあたるべきと諭し、板垣は「自ら其衝に当るの意を決し」て、後藤にもはかって賛同を得た。さらに後藤が英国から帰朝した小室と古沢に起草させるべきだと紹介したため板垣は両者と面会、意見の一致をみたため、副島や江藤等の同意も得て建白書を提出することとなったという(14)。一方後藤は、自ら「此ノ如

キ潮勢ニ当リ人心ヲ和スルニハ民選議院ヲ開キ……人心ヲシテ世務ニ当ラシメ政事上ノ関係ヲ保タシメ」る必要があると考えて民選議院設立建白書を作成し、これを副島に相談して同意を得、さらに板垣にも諮って同意を獲得したとしており[15]、また指原安三『明治政史』は、帰国した小室と古沢が板垣と後藤を説いたことをもって、建白書提出の契機としている[16]。建白書の起草者が古沢であったことは、彼自身による草案が残されていることからみて確実であり[17]、一月十七日に岡本健三郎宅に奥宮慥斎らが集会し、草案を「改刪」され浄写されたことが、奥宮の日記によって確認されるが[18]、最初に発想したのが板垣であったのか後藤であったのか、あるいは古沢か小室だったのかははっきりしない。ただ、起草過程の中心に板垣と後藤がいたことは間違いなかろう。明治三十六年に刊行された片岡の伝記は、愛国公党について「片岡氏はまた其議に予かり、翼賛する処少からざりき[19]」と記しているが、このあたりも微妙な距離感を感じさせる。

かくして、片岡等が建白論に傾斜し、帰郷組の多数も強硬論を放棄するなかで、一月十二日に愛国公党が結成され、十七日、民選議院設立建白書が左院に提出された[20]。

東京で、いわば取り残される形になった武市等の直接行動派は、在郷の同志と連絡を取り合いながら、その機をうかがっていたようである。海南義社の盟約に参加して帰郷していた吉田数馬（元陸軍中尉）は、十二月十日、在京の島崎直方に宛てて次のように書き送っている[21]。

僕帰県後は、兼而根志百端尽力致し候。大に何れも同気奮発、実に此上ながら国家の僥倖に候。且県庁にも大に尽力致し呉此順に而は不日、人心も愛国の心に相成候歟と相楽み候。多分君にも

弥々此頃は御憤心御周旋と奉存候。其御地之模様都而不相聞、如何の形勢かと尽夜心配仕候。何分度々御通翰相祈候

吉田はさかんに同志糾合に努め、その進捗に満足している様子だが、在京同志の状況が心配だとして、島崎に状況を尋ねている。島崎は岩倉襲撃犯のひとりであり、後にみるように、すでにその計画が進められていた。のちに海南学校校長等を務めて教育界で重きを占める吉田は、当時、同志を積極的に募って暴発の気配を示していたという。[22]大正六年（一九一七）、その没後に刊行された吉田の伝記は、武市と吉田は「幼児より莫逆の友」であり、「されば吉田先生が、此の事（岩倉暗殺のこと――引用者）の相談に一切与らぬといふことは到底不可能である。吉田先生は後年大に老成して、鋒鋩を蔵めた大人であつたが、壮年の際は随分乱暴もするし、英気人を凌ぎ、謀反気も充満して居た人であつた……当時の前後事情の形勢より察すれば、先生が全然之に無関係であつたとは、如何しても思はれない」としている。[23]そのあたりの事情は、上述の書簡からも十分に伝わってくるものがあろう。

武市等が岩倉暗殺を企画した時期ははっきりしないが、彼等の口供によれば、十一月に一度計画されて一旦延期され、十二月中旬から下旬にかけて、あらためて実行が決定されたという。[24]海南義社の盟約後、すぐに企図されたことがわかる。坂崎斌は、「十分準備も無い」まま当日思いついて犯行に及び失敗に帰したとして、これを「古今の暗殺中最も稚劣な失敗の暗殺」と断じているが、[25]武市自身によれば、暗殺決定後、毎日岩倉の住居周辺を探って隙をうかがった上で、一月十四日午後八時、赤坂喰違坂を通りかかった岩倉の馬車を襲った。[26]岩倉は斬られて軽傷を負ったもののかろうじて逃れ、

濠に滑り込んで水中に難を逃れた（実行犯は一月十七日から十九日にかけて逮捕）。

当時高知士族の間では、「岩公を姦と申事兵組の口癖」だったというが[27]、武市等も岩倉が征韓論を葬った張本人だと見極めており、たとえば襲撃犯のひとり武市喜久万（武市熊吉の実弟）は、「征韓論ノ一条」について「右ハ一旦廟議相決候趣ニ有之候処岩倉右大臣殿ノ相拒マレ候ヨリ廟議相変シ如何ニモ遺憾ノ議ト申談シ誰発意トモナク右大臣ヲ除クノ議申合セ」たと供述している[28]。具体的に犯行に加わったのは武市兄弟のほか、山崎則雄（元近衛兵）、島崎直方（書生）、下村義明（近衛少尉）、岩田正彦（近衛曹長）、中山泰道（近衛曹長）、中西茂樹（元海軍警吏）、澤田悦弥太（元監部御用）の計九人で、犯行動機についてはいずれも、喜久万と同様の供述をしている[29]。

なお東京では、近衛兵の解散に続いて、警察官の瓦解運動も画策されたが、その背後には、高知県士族で大警部だった池月眞澄が関与していたといわれている。池月は土佐藩の元馬廻役で、前名を雨森源馬といった。当時は病床に伏していたが、明治七年一月七日付の池月・武市熊吉宛書簡には、「羅卒瓦解之期日如何候哉無覚束。御油断なく御秘計偏に御依頼申上候」と記されており、ひそかに警察瓦解をもくろんでいたことが示唆されている。このため池月は五月二十二日、「陰ニ警保寮ノ瓦解ヲ企テ、多衆ノ羅卒ヲ煽動シ、辞職ヲ勧ムル科」によって懲役百日、禁固百日の判決を受けた[30]。武市自身は岩倉襲撃事件の裁判の口供において、この書簡を受領したことは認めつつも、煽動にはかかわっていないと述べているが[31]、池月の筆致からして彼が無関係であったとは考えにくい。池月の自宅は過激な士族の溜まり場であったようで[32]、あとに述べるように、浅草観音放火未遂犯の戸田九思郎も池月宅に滞在、ここで大教院放火の主犯格宮崎岬と出会っている。武市は在郷同志と連絡を取り合いながら岩倉の隙をうかがって、これを襲撃し、一方で、警察の瓦解にも関与していたもののようである。

三、大教院放火事件

武市一派と連動して、もうひとつ、別の政府転覆計画が存在していた。高知県士族・宮崎岬、同・千屋孝郷、新潟県士族・戸田九思郎による計画がそれであり、彼らは芝増上寺、浅草観音堂、赤坂仮御所周辺に放火、東京市中を混乱に陥れて、大臣参議を殺戮、政府を転覆すべく考えたようであり、実際に一月一日に増上寺本堂に放火して炎上させ、一週間後には浅草観音堂でも放火未遂に及んだ(33)。これまでほとんど知られていない事件であるため、以下に経緯を述べておきたい。

宮崎は明治三年に上京、開拓使や大蔵省の官吏を転々とし、犯行当時は職を辞して「宿も之無知己の方所々立回り」といった状態であった。官を辞して後はかなりの苦学をしたようで、明治六年に高島嘉右衛門の藍謝堂に遊学中、学資が枯渇したため旧主山内家を訪ね、学資金の援助を願い出たところ、旧主はその熱意に感じて金を与えたため、「苦学シ他日報国ノ実功ヲ奉リ旧主ノ恩ヲモ報スベシト日夜勉励シ殊ニ国事ニ意ヲ止メタリ(34)」といった逸話も残っている。一方千屋は明治五年に上京、東京府の邏卒に就いたものの、六年五月に病気のため辞して板垣退助の食客となり、当時は無職のまま深川に滞在していた。戸田は明治六年に上京、篠崎村学校生徒を経て東京府第六大区取締番人となったがまもなく辞職、板垣の食客となったことから千屋と知り合い、池月眞澄宅に滞在中に宮崎とも懇意になった。[35]

犯行の前月、大警部・小川弘淵（高知県士族）宅に寄食していた橋本彦弼が宮崎と会った際の回想が残されており、そこで橋本は次のように語っている。[36]

明治六年十二月二十日頃武市等の別派宮崎岬氏訪ひ来り時事談の末、明治政府の廓清を期するには、勢ひ当路の奸物を片た端より除くにありと主張し、予は其軽挙に反対し穏当の手段説に出でしかば、遂に宮崎は大体意見同一なれば、手段の善悪は重て協議すべしと立ち別かれ、其後再び来らずして僅かに十余日を隔てたる同十二月末日の夜、同志千屋帰一等と相謀り、芝増上寺に放火の挙に出で、続て翌年一月三日（実際には八日――引用者）に浅草観音に放火せしも大事に至らず。

武市等と同様の怒りを発しているようだが、攻撃対象は岩倉にとどまらず、「当路の奸物を片た端より除く」ことに置かれていたようである。

明治四十二年の『日本及日本人』に掲載された高知県士族・千頭清臣（のち東京日日新聞社長、栃木、鹿児島県知事。千屋に兄事したといわれる）の伝記は、武市と千屋は「同志」だったとした上で、次のようにその計画を記している。[37]

当時千屋と武市の意見の異なる所は、武市が当路有司中最も勢力ある者一人を仆せば以て足れりと為せるに反し、千屋は有司一人を仆すも更に其継嗣者を生ずべく、恰も朝に一草を刈るも夕に一草を長ずるの感あるべし、故に須らく一挙にして当路有司全体を塵滅し、以て政府を廓清せざる可らずといふにあり……蓋し当時皇居の附近に火を失する時は、当路の大臣参議は皆な馬を馳せて之に趣くべき定めなりしかば、千屋は之を利用して同志宮崎岬、戸田九四《ママ》郎等と図り、芝増上寺、浅草観音、並に赤坂皇居附近に火を放ち、其混雑に乗じて政府塵滅、大臣参議の暗殺の目的を達せんとしたる也

宮崎、千屋らは、増上寺、浅草観音、赤坂仮皇居附近に放火し、混乱に乗じて大臣参議を暗殺、政府転覆を企てたようである。それは不完全ながらも実行され、一月一日に増上寺に放火、その後各地を転々としながら潜伏し、一月八日には浅草観音の放火未遂に及んだ。赤坂での放火は手順か人手の不足かで実施されていない。

明治六年の皇居火災に伴って当時赤坂に仮皇居が置かれており、その附近に火をつけることは犯行のねらいとして理解されるが、増上寺と浅草観音を狙った理由はどこにあったのだろうか。

宮崎の取調べにあたった少警視・迫田利綱の調書によれば、宮崎は「神仏混淆して敬神愛国の教化更に不相立就中大教院の儀ハ徳川家菩提寺跡にて四柱の神座等御設け相成候場所に無之是則敬神愛国の趣意に相悖り却て神威を汚し奉る儀にて終に邪教に壓倒せらるゝ……教院ハ寧ろ無きに如くハなし」と述べており、民衆教化とキリスト教防御のため増上寺に設置された大教院が、「神威」を汚し「邪教」も防げないとして放火に及んだのがわかる。浅草観音についても、「人民の惑ひと相成候に付是とも焼払度存し」て放火を図ったらしい[38]。明治八年九月二十八日付の口供でも宮崎は、「神仏混淆

敬神愛国等三条の教則は有名無実に帰し就中大教院たる天照大神を祭るに不潔の仏寺を以てす豈敬神の情あらん」「浅草寺境内散歩致候処同所へ参詣人常々多く日夜人跡絶る事なきハ神祠の能く及ふ処あらす是を焼払ひ人心の向背を定めん」と、「廃仏毀釈」的動機を、より強く述べている[39]。宮崎は「頗る勤皇の志あり」とも伝えられているが[40]、廃仏的な神道思想の影響を強く受けていたものと推察される。千屋も「近来耶蘇教熾んに行ハれ教院設けあると雖も其実神仏混淆して敬神愛国の教憲更に不相立兼て親しく相交候岬等と議論」して犯行に及んだと述べ、戸田も、浅草観音は「人民を惑し敬神愛国の妨害相成候」と同様の動機を供述した[41]。

宮崎等にとって、征韓論の排斥による政府分裂、そして大教院の停滞と神仏混淆による敬神思想の退廃とキリスト教流入の脅威は、「勤皇」の立場からして、いずれも許しがたいものであったにちがいない。それは「放火」と「暗殺」という、実にわかりやすく、しかし稚拙な計画となって現実化することとなった。

宮崎派と武市派は、実行手段に意見の相違はあったものの、ある程度の連絡はとって動いていたようである。浅草観音に放火しようとして見廻人に見つかりそうになり、あきらめた一月八日、宮崎・千屋の両名は武市に宛てて手紙を書いている。そこでは、まず「漸く昨夜迎合」と、大教院放火後バラバラに逃亡していた二人が一月七日の夜ようやく再会したことが記されている。続けて両者は「今朝不取敢参堂仕候処、折柄御不在、依而明朝早天に推参可仕候間、御在宿之程、重々是をいのる」と書いており、八日朝に武市を訪ねたが会えなかったとして、翌日また来るとしていた。宮崎等が浅草観音に放火しようとしたのは八日の夜であり、この件の事前あるいは事後の処置ついて相談をしたかったものと推察される。さらに一月十一日にも千屋は武市に宛てて、「陳は一身上に関し候儀に付、染々御相談申度参堂之処、折悪御他行遺憾此事に奉存候。何れ明後日迄之中、参上相嘶申へく、余は拝晤に存候」と書き送っている。この日も「一身上」の「相談」をしに千屋は武市を訪れたわけだが、会えなかったためまた来るという。[42] 犯行後、宮崎と千屋は「名前を偽り」「所々立回」っている状態であり、[43] あるいは武市にかくまってくれるよう求めたのかもしれない。

宮崎はそのまま東京に潜伏して八月九日に帰郷しようとしたところを逮捕、千屋は二月に帰郷後八月二十八日に高知で逮捕された。一方戸田は一月十八日に武市熊吉方を訪ねており、その後七年四月に東京府の巡査を拝命しているが、六月になって放火未遂が明らかになり拘留された。武市等は、すでに除族の上斬罪を判決され、七月九日に刑を執行されていたが、武市宅から押収された同志の名簿には、高知のほか鹿児島、新潟、宇都宮、水戸、熊谷等の出身者九十名あまりが記されており、うち二十名が捕縛されている。そこには、警察瓦解を企てた池月も含まれていた。[44]

なお、宮崎や千屋は警察の取調べや裁判の供述で、「政治的動機」や武市との接点について一切語っていない。武市等の一派も逮捕後、岩倉襲撃について口を割らないと結合盟約していたとされ、実際、厳しい拷問の末に自供にいたったことが分かっており、[45] 彼等の間で秘密を守ることが約束されていたのではないかと思われる。吉田数馬も後年まで、この件については固く口を閉ざしつづけたという。[46] 千屋は、「後輩の俊秀が、時勢を概して却て其生涯の方向を誤らんことを憂へ、常に彼等を戒むるに、決して己等の行動に倣ふべからざる事を以てしたり」とも伝えられており、あくまで同志のみの単独の犯行に固執していた。[47]

四、むすび

いずれにせよ、事件から一年九ヶ月を経た明治八年九月二十九日、東京裁判所は太政官の決済を経て[48]、宮崎と千屋に「放火条ニ依リ徐族ノ上斬罪」、さらに戸田九思郎に対しては「不応為重ニ擬シ禁獄七十日可申付処口供甘結後滞獄三十日外七十日以上ニ出ルヲ例円《ママ》ニ照シ直ニ放免」との判決を下した[49]。宮崎と千屋の死刑執行日は定かでないが、先述の千頭の伝記は、「二人刑死せらる、時辞世あり」として、「みがきあげて国の宝と為さばやと思ひし玉は武蔵野の露」(千屋)、「きのふ泣き今日は笑ひつ飛鳥川淵も瀬となる御代ぞ悲しき」(宮崎)、といかにも勤皇の士らしい辞世の句を掲載している[50]。

筆者はかつて、大教院について警察の調書や裁判記録などをもとに検討を加えたことがあるが[51]、そこで示されたのは、民衆教化とキリスト教防御のために設立された大教院が、神仏混交によりその使命をまっとうしておらず、また、寺院に神殿を設置すること自体が神霊を汚しているとして、犯人らが怒りを覚えて火を放った、いわば廃仏毀釈的犯行であった。彼らがターゲットとして大教院や浅草寺を狙った理由はまさしくそこにあり、それは宗教行政史上の注目される事件であったけれども、その背後には、以上に述べた政治的な影が漂っていたわけである。

征韓論政変によって下野した高知士族等は当初、政府に対する不満を募らせ、片岡等武官出身者の主だった面々は武力行使を前提とした海南義社を組織したものの、帰郷した面々は現地の支持を得ることができず、片岡等もここから手を引くこととなった。取り残された形になった武市等は実力行使の道を歩み、岩倉を襲撃し、宮崎等は政府転覆を計画して挫折した。『自由党史』は岩倉襲撃について、「此一挙は図らずも在朝者の誤解を買ひ、民選議院の建白に向て苦痛なる打撃を加へ、為に同志をして惋惜に堪へざらしめたり」(52)と記しているが、かかる表現には、片岡等が板垣の意に応じたのに対して、東京残留組が実力路線に固執したことへの不満が内包されているように思われる。海南義社が設立される時点で、すでに板垣は強硬論に異を唱え、言論路線に傾いていた。

かくして一月十七日、民選議院設立建白書が提出され、四月十日、立志社の発会式が行われた。その趣意書では、「天下の民会」を立てることを「志」とし、そのために団結協力することが宣言され、「国教育」がなくてはならないとして、教育振興のために「立志学舎」を創設、さらに権利保護の機関として「法律研究所」を設けることとなった(53)。林が帰郷する前に板垣からいわれたという「諸士国ニ帰ルヤ団結シテ時々集会シ時事ヲ談シ或ハ学校ヲ興シ後年有用ノ時アルヘシ」との構想は、武力路線の放棄と挫折を経て、ここに日の目をみることになったわけである。

ともあれ、高知士族の直接行動の系譜は途絶えることなく、次章で述べるように、西南戦争に際しては立志社内で林有造らが挙兵計画を企てて行動し、政府要人の暗殺も企画された。立志社は挙兵計画の可能性が事実上消えてのち、国会開設の建白書を提出し、言論活動を積極的に展開していく。武市や宮崎の行動を安易、軽率として断じることはたやすいが、むしろ明治七年から十年にいたる時期の政治運動の多様性を示すものとして記憶されるべきであろう。

実際、高知から佐佐木に現地情勢を伝えつづけた原によると、岩倉襲撃の一報が高知に届いた際、「兵組は今度の軽挙にあやまち、捕縛につき、些落胆の姿」(54)がみられたという。原は、これは一時的なもので、武市等のあとにつづく者はいないだろうと観察しているが、「郷山分へ征韓論染著致し、森・本山辺には家産を抛ち不相厭抔申者も有之」と征韓論が横溢する気配もあり、「此度の変に依ては、一層異論も相生じ可申……軍曹相勤候内ニ頗る劇論相唱、隊長以下再三説督[55]」している状況でもあった。

このため明治七年二月に佐賀の乱が発生すると、その高知への波及について、政府は警戒をつづけなければならなかった。実際、高知で江藤新平が捕えられたとき、元軍人の間では挙兵論が盛り上がり、片岡健吉の自重論を非難し、一時かなり緊迫した情勢が生まれた[56]。維新からわずか七年、明治政府にとっても高知士族にとっても、実力行使による政府転覆の記憶は、なお新しいものであったにちがいない。

註

（1）板垣退助監修『自由党史』上巻（岩波文庫、昭和三十二年復刻）、七九頁、黒龍会編『西南記伝』上巻二（原書房、昭和四十四年復刻）、六五二頁。
（2）東京大学史料編纂所編『保古飛呂比　佐佐木高行日記』第五巻（東京大学出版会、昭和四十九年）、四一九頁。
（3）植木枝盛「立志社紀要始末」（植木枝盛『植木枝盛集』第一〇巻、岩波書店、平成三年、所収）、九六―九七頁。
（4）外崎光広『土佐自由民権運動史』（高知市文化振興事業団、平成四年）、二〇頁、平尾道雄『無形　板垣退助』（高知新聞社、昭和四十九年）、九四頁。
（5）内藤正中『自由民権運動の研究―国会開設運動を中心として―』（青木書店、昭和三十九年）、三八―三九頁。
（6）福島成行『赤坂喰違の事変―征韓論余聞―』（前田馬城太、昭和二年）、五五頁。
（7）東京大学史料編纂所編『保古飛呂比　佐佐木高行日記』第六巻（東京大学出版会、昭和五十年）、一八頁。
（8）高知地方史研究会編『土佐群書集成　第十五巻　林有造自暦談』上（高知市民図書館、昭和四十三年）、五三頁。

（9）前掲『自由党史』上巻、八〇頁。
（10）前掲『保古飛呂比　佐佐木高行日記』第五巻、四二五頁。
（11）前掲『保古飛呂比　佐佐木高行日記』第六巻、一八―一九頁。
（12）前掲『保古飛呂比　佐佐木高行日記』第六巻、一九頁。
（13）前掲『自由民権運動の研究』、三八―三九頁。
（14）前掲『自由党史』上巻、八五―八七頁。
（15）「故伯爵後藤象二郎君ノ談話」（『史談会速記録』第一八二輯、明治四十一年）、九頁。
（16）指原安三編『明治政史』第一（慶応書房、昭和十八年）、四六一頁。
（17）山下重一「古沢滋と初期自由民権運動」上（『国学院法学』一三巻三号、昭和五十年十二月）、九七―一〇一頁。
（18）大久保利謙「愛国公党結成に関する史料―奥宮慥斎の日記から―」（『日本歴史』四八八号、平成元年一月）、一〇九頁。
（19）松永文雄著『片岡健吉』（中庸堂、明治三十六年）、三五頁。
（20）民選議院設立建白書のもたらした政治的意義については、中嶋久人「民選議院設立建白提出という出来事―主体・スタイル・テーマ―」（安在邦夫・田崎公司編著『自由民権の再発見』日本経済評論社、平成十八年、所収）、など、参照。
（21）前掲『赤坂喰違の事変―征韓論余聞―』、五七頁。
（22）前掲『赤坂喰違の事変―征韓論余聞―』、五七頁。
（23）海南学校同窓会編『吉田数馬先生』（磯部甲陽堂、大正六年）、四〇頁。
（24）「喰違暴徒武市熊吉外八人適律伺」（「公文録」国立公文書館蔵、明治七年・第二一五巻・明治七年七月・司法省伺（一））。
（25）坂崎斌「明治四十年十一月史談会例会ニ於テ坂崎斌君談話」（『史談会速記録』三六二号、大正十五年十二月）、一八―一九頁。
（26）前掲「喰違暴徒武市熊吉外八人適律伺」。
（27）明治七年一月付斎藤利行・佐佐木宛書簡（前掲『保古飛呂比　佐佐木高行日記』第六巻、一六―一七頁）。
（28）前掲「喰違暴徒武市熊吉外八人適律伺」。
（29）前掲「喰違暴徒武市熊吉外八人適律伺」。
（30）前掲『赤坂喰違の事変―征韓論余聞―』、四六―四七頁。
（31）前掲「喰違暴徒武市熊吉外八人適律伺」。
（32）これより少し後、明治八年十月二十七日の日記に、佐佐木高行は「池月眞澄ハ無頼士ノ集会所ナル」と記している（前掲『保古飛呂比　佐佐木高行日記』第六巻、三一六―三一七頁）。

（33）前掲『赤坂喰違の事変―征韓論余聞―』、五八頁。
（34）荘司晋太郎著・植木枝盛検閲『海南愛国民権家列伝』（前川文栄閣、明治十三年）、一四四頁。
（35）少警視・迫田利綱による調書（「警視庁録事」『郵便報知新聞』明治七年九月十六日付）。
（36）前掲『赤坂喰違の事変―征韓論余聞―』、六〇―六一頁。
（37）建依別「千頭清臣（上）」（『日本及日本人』五〇四号、明治四十二年二月）、二五頁。
（38）前掲「警視庁録事」。
（39）「公判」（『郵便報知新聞』明治八年十月二日付）。
（40）前掲「千頭清臣（上）」、二六頁。
（41）「公判」（『郵便報知新聞』明治八年十月二日付）。
（42）前掲『赤坂喰違の事変―征韓論余聞―』、五九頁。
（43）前掲「警視庁録事」。
（44）前掲『赤坂喰違の事変―征韓論余聞―』、九九―一〇一頁。
（45）前掲『赤坂喰違の事変―征韓論余聞―』、一一八頁。前掲「喰違暴徒武市熊吉外八人適律伺」によると、岩倉襲撃犯九人はそれぞれ、一回から九回、拷問を受けている。九回拷問を受けた下村義明はそれでも自白しなかったらしく、係の判事は苦慮して、口供なく処罰した例がないため本件については天皇の叡慮を煩わせることになると語り、下村は恐縮してようやく自白したという（前掲「明治四十年十一月史談会例会ニ於テ坂崎斌君談話」、二〇頁）。
（46）前掲『吉田数馬先生』、四〇頁。
（47）前掲「千頭清臣（上）」、二六頁。
（48）「宮崎岬始十六人断刑伺」（前掲「公文録」明治八年・第二四三巻・明治八年九月・司法省伺（布達））。
（49）「公判」（『東京日々新聞』明治八年十月二日付）。明治八年五月二十四日の太政官第九三号布告「控訴上告手続」は、第二条において控訴できるのは民事のみとし、刑事で判決に不服のある場合は大審院に上告することを認めていたが、その第二八条は「違警罪及死罪ヲ除クノ外、一切ノ刑事、皆上告スルコトヲ得」として、死刑は上告できないとしていたため、宮崎と千屋の判決はここで確定している。
（50）前掲「千頭清臣（上）」、二六頁。
（51）拙著『大教院の研究―明治初期宗教行政の展開と挫折―』（慶應義塾大学出版会、平成十六年）、第五章「大教院放火事件」参照。
（52）前掲『自由党史』上巻、六八頁。

(53) 前掲『自由党史』上巻、一三七―一四七頁。
(54) 明治七年二月三日付原轍佐佐木宛書簡（前掲『保古飛呂比　佐佐木高行日記』第六巻、二六頁）。
(55) 明治七年一月二十七日付原轍佐佐木宛書簡（前掲『保古飛呂比　佐佐木高行日記』第六巻、一三頁）。かかる暴発を防ぐ上で積極的役割を果たしていたのは、片岡健吉であった（川田瑞穂『片岡健吉先生伝』湖北社、昭和五十三年、二六四頁、および前掲『保古飛呂比　佐佐木高行日記』第六巻、一七、三一頁など、参照）。
(56) 平尾道雄『立志社と民権運動』（高知市民図書館、昭和三十年）、一六頁。

第二章　戦時下の高知の民権家
——立志社挙兵計画から愛国社再興運動へ——

一、はしがき

序章で述べたとおり、民権家にとって西南戦争は二面性を持っていた。西郷が守旧派であるという点ではマイナスであったが、薩軍が政府転覆の可能性を示したことは、すでに政府の打倒と民選議院設立を望んでいた民権家にとって、僥倖であった。[1] 本章で扱う立志社の挙兵計画は[2]、この機会に賭けた事例であり、その中心であった林有造等は薩軍に呼応して挙兵し、政府を打倒しようと企てたのである。[3] 彼等の直接行動路線は、幕末における政治運動以来の志士的行動の系譜につらなるものであり、征韓論政変後も立志社では、かかる実力路線と言論路線とが並存し、これが西洋の抵抗権思想によって再編され、西南戦争下で言論・武力を後押しすることとなった。[4]

では、立志社を率い、西郷と並ぶ反政府勢力の象徴的存在であった板垣退助は、この計画に関与したのだろうか。この点について板垣監修の『自由党史』は、「土佐に在て片岡等が板垣を中心とし、何処までも国会論によりて天下の世論を喚起し、以て事を成さんとすると同時に、東京に在ては林有造等、後藤と通同し、兵力を用いて政府を転覆するの策を講じ、当時の立志社は勢二派に分れたり」(5)と板垣の関与を否定しているが、西南戦争研究の古典である『西南記伝』は、「板垣が其計画を知らざる筈無く、既に之を知りて、之に反対せざりし以上は、其計画を黙認したるものと看做さんも、不可無かるべし」(6)と、板垣の「黙認」を指摘している。その後の研究においても、板垣の関与をめぐっては賛否両論があり、評価はいまだ定まっていないようである。(7)

その理由の第一は、資料の不足であろう。挙兵計画に関する資料としては、当事者である林有造や広瀬為興の回想録や、密偵の報告書などが知られているが、前者はかなり後年になってから残されたものであり、後者も明治十年(一八七七)八月に戦時下で収集した情報をまとめて整理した性質のものである。すなわち、実際の挙兵計画が展開していた明治十年二月から六月の間に作成された報告書や当事者の日記、書簡の類はほとんど知られてこなかった。また従来は、右の資料全体を十分比較検討することのないまま、板垣の動静を判断してきたきらいがあり、新たな資料の発掘と諸資料の包括的な分析とが待たれる状況となっている。最近では松岡僖一氏が『佐佐木高行日記』や林の回想などを詳細に読み解いて同事件を検証しており、(8)示唆する点がすくなくないが、いずれも活字化された資料のみに拠ったものであり、特に板垣の動静をめぐっては、さらなる資料の参照と検証が必要といわざるをえない。

そこで本章では、最後かつ最大の士族反乱となった西南戦争に際して、板垣がいかなる判断をし、またいかに行動し、それがその後の民権運動に残した影響とはどのようなものであったのかについて検討する。

果たして板垣にとって、西郷の挙兵は僥倖であったのか、否か。薩軍決起の報を受けた板垣は、しかし、これが成功しうるかどうかを慎重に見極めようとした。そして、その可能性が失われたとき、演説や新聞、教育、建白を通じた民選議院の設立と、これを担うべき自主独立した国民の形成を志向していった。近年の民権運動研究では、この運動を一大国民運動たらしめた新聞や演説といったメディアに着目し、政治的主張よりも政治的文化の形成を重視する主張があらわれており、民権研究に大きな影響を与えている。(9) 民権運動の中心にいた板垣と立志社が、挙兵という手段からいかにしてメディア重視へと至っていったかは、こうした点でも興味ある主題であろう。

また、戦時下での板垣の言論中心方針は、たしかに民権運動の新たな展開であったが、それを支えた思想的枠組みについては、なお慎重な考察が必要である。武力行使は、思想的に「根本的に」否定することも、情勢判断から「一時的に」回避することも、可能だからである。果たして立志社はいかなる立場から「武力蜂起」に向き合ったのか、以下、みていこう。

二、西南戦争勃発と板垣・立志社

明治十年二月初旬、薩軍の決起が確実な情勢となると、板垣退助をはじめとする在京の立志社員はその対応をめぐって会合した。

この会合の様子を今日に伝えているのは、『保古飛呂比　佐佐木高行日記』第七巻（明治十年八月三十一日条）中に収められた密偵の報告書である（以下、「報告書」と呼ぶ）。これは、二月初旬以降の立志社挙兵の動きについて密偵が情報を収集し、その大略をまとめたもので、佐佐木は当時元老院議官、土佐出身者として政府内保守派に位置し、立志社の挙動を強く警戒する立場にあった。

「報告書」によれば、板垣は後藤象二郎、大江卓、竹内綱、岡本健三郎、林有造等を自邸に招き、次のように発言している。「鹿児島暴徒連ノ挙動ヲ視察スルニ、最早兵ヲ挙グルノ時機ナリ……西郷隆盛ハ必ズ三軍ニ師タルベシ、左候ヘバ国難ナリ、政府ノ斃ル、近キニ在ルベシ」。西郷が起てば政府の崩壊は近いであろう、と予測する板垣は、立志社はこれに対して次のように対応すべきだとする。(10)

此度ノ戦闘ハ、西郷・桐野・篠原等ハ大久保・川路等ヲ敵視スル私闘ナリ、薩ノ暴徒敢死ノ士ヲ以テ、先ヅ西郷ヲ奉戴スルヤ必セリ、政府震動スベシ、実ニ吾輩ノ宿志、民権更化開進ノ時参レリ、斯様ノ時機ニ際シ、民権ヲ更化スル事、外国ノ歴史ニモ間々有ル事ナリ、時失フベカラズ、西郷隆盛ハ憤怒兵ヲ以テ政府ヲ突ク、吾輩ハ亦民権論ヲ以テ政府ヲ突ク可シ、併シ兵力ハ後ニシテ、先ヅ建言ヲ以テ突ク可シト、亦民権家ニテ戦闘スルハ、国ノ進歩ナリト云フ

当時、木戸孝允がいぶかったように、鹿児島で私学校徒が挙兵しても西郷はこれに関与しないのではないかとの観測もあったが、板垣は、私学校徒が決起すれば西郷を奉戴するのが必然であり、政府は震動するとして、これを「民権更化開進ノ時」と歓迎し、この機会に「民権ヲ更化」すること、そ

の手段としてまず建言を、次に挙兵を位置づけ、民権家の「戦闘」は国家の進歩だと自負している。一同はこれに賛同して、鹿児島からの情報を待つこととなり、二月十日頃、戦闘確実の報がもたらされると、「孰モ心ニ喜悦シ、有造ハ当時ノ模様実ニ雁ノ味ガスルト云ヒ、雀躍シテ奔走ス」と、挙兵計画の首謀者となる林有造は、早くも挙兵に向けて動き出したという(11)。林自身の回想によれば、二月九日に「西郷氏兵ヲ挙タリ予ハ速ニ帰県人数ヲ纏メ直ニ事ヲ為サント欲ス(12)」と、やはり西郷挙兵の報を受けてすぐ動き出したとしている。

一方後藤象二郎は、同時期に板垣などに次のように告げている。すなわち、木戸が昨年九・十月ごろ、大久保利通に対して、鹿児島だけが「一ノ政府」のごとく中央に従っておらず、これは私学校が原因であるから糺すべきではないかと述べたところ、大久保も鹿児島のことは他人に任せず処置すると返答したが、結局この私学校が沸騰し、今回の挙動に及んだ。木戸は色を失っているだろう。これを機に木戸を焚きつけて「大久保ト離間ノ策ヲ施サバ、政府瓦解スベシ」。「是非今日ニテハ、長土手ヲ組ミ、薩族ヲ滅討シ、鹿児島ノ兵力ヲ殺ガバ、大久保等孤立トナリ、是迄ノ権力ハ振ヘズト」。後藤は、木戸・大久保の不和につけこんで木戸に取り入り、大久保と離間させて長土連合を結成、鹿児島の勢力をそぐべきだとして、板垣などの同意を得たという(13)。

かくして、板垣はまず建白を、次に挙兵を手段として民権拡張を目指し、後藤は木戸・大久保の離間策を、そして林は挙兵へと傾いていった。板垣は、「退助ハ、前見込ノ通リ、民権論党ヲ結合ノ為高知ニ下リ、総テ人心ヲモ攬リ、英気ヲ取立テ、時機ノ変遷ニ応ジ、臨機ニ進退セン」と結論して、まずは民権論をまとめて臨機応変に事態に対応するため東京を離れ、高知に向かうこととなる(14)。西南戦争の戦端はまだ開かれておらず、地元勢力をまとめつつ、手段として建白を取るのか挙兵に及ぶのかは、臨機応変に決める腹積もりだったのであろう。宇田友猪『板垣退助君傳記』によれば、この頃木挽町の陸奥宗光邸に一同が集結し、「君（板垣――引用者）は土佐を統帥して一朝の変機に応ぜんと」することになったという[15]。なお、林とともに挙兵計画の中心となる大江は、この頃「是れ実に天与の好機会である。此機会に於て後藤の窮境を救ひ、彼をして乾坤一擲の大芝居を打たしめなければならぬ」として、後藤や板垣の説得にあたったという[16]。

これまで、右の経緯を記したものとして知られていたのは「報告書」のみであったが、国会図書館憲政資料室蔵「岩倉具視関係文書」に収められた「立志社探索密書」と題する資料にも、次のように記されている[17]。

板垣ハ土州ニ帰リ人心ヲ結合シ西隅ノ勢ニヨリ臨機進退シ先民権ヲ主張シ政府ノ模様ヲ視察シ時宜ニヨリ右主意ヲ突立ベシ後藤ハ西京ニ上リ政府之処分ヲ見ルベシ島本ハ東京ニアル嘯集結合シテ民権ヲ更張スベシト而巳談論

この「立志社探索密書」は作成者不明だが、会合翌月の三月十九日付のものであり、「報告書」よりも作成時期があたらしく、情報の鮮度は高い。やはり、板垣は建白を一としつつ、臨機応変に対応する姿勢を持していたとみてよかろう。すなわちこの段階で、即時挙兵に及ぶことは考えられていなかった。「立志社探索密書」によれば、板垣はこの頃林に宛てて書簡を送り、「人心ハ益結合スベシ民権可唱勇気ハ可振暴挙ハ決シテ不可成ト申遣シタ」という。[18] 林有造の回想にも、挙兵計画を板垣に話したところ帰県の意思を示したとあるが、具体的な反応については書かれていない。[19]

板垣の動向を強く警戒していたはずの警察も、板垣は起たないと判断していたようである。大警視・川路利良は二月十日、岩倉具視に宛てた書簡の中で、「平常板垣ニ出入」していた高知県士族二等巡査・馬詰輝彦が川路に暇乞いに訪れ、「板垣ノ咄シニ鹿児島人大義名分ヲ誤レリ若シ起ラハ何ツ迄モ政府ヲ助ケント同志一決セリ」と語ったと記している。これを受けて川路は、「板垣モ決シテ彼ノ弾薬ドロボーニハ与セサル斌ト見ヘタリ」との感想を伝えた。[20] 岩倉は河野敏鎌（元老院議官）からも同様の情報を得ていたようであり、同じ二月十日付で大久保利通に対し、「今朝河野議官ヨリ内話此度板垣ニハ決シテ不動非常ニ到テハ政府之為屹度尽力可致趣承知候」と伝えている。板垣は周囲に対し、西郷には与せず、むしろ政府に協力すると言明していたのであろう。ただ、同じ大久保宛書簡によると、この日佐佐木高行、中島信行、河野ら高知出身の元老院議官が岩倉を訪れ、高知で「三四百名ハ必ラス脱走トカ県庁ヲ破ルトカ何カ可有之ハ難計候」と、不測の事態が発生する可能性を語り、「挙テ叛クニハ決シテ到ラサル様呉々尽力」すると述べている。[21]

こうして、板垣は林とともに東京を発った。「報告書」によれば、出発に際して板垣・後藤は島本仲道に対し、在京の「不平家且ツ民権」をまとめて「一塊ノ会社」を結成し、「盛ニ会議ヲ起シ」、土佐有志と連携して「事ヲ成サン」と述べ、竹内綱、岡本健三郎、小室信夫にも諮って奮発せよと依頼し、「仲道異論ナク同意シ、吾輩ハ此地ニテ其手ニ着手ヲ施スヘシト相約」したという。[22] 島本への依頼については先述の「立志社探索密書」とも符合する。

ただ、岡本と竹内は横浜で外国人から鉄砲八百挺の購入を図ることとなり、そこには、同じく帰郷する林の依頼がはたらいていた。林の回想によれば、岡本と会った林は、「西郷氏兵ヲ挙タリ予ハ速ニ帰県人数ヲ纏メ直ニ事ヲナサント欲ス銃ナクンハ不能君ニ銃買収ヲ依頼致度」として銃の購入を依頼して承諾を得、あわせてその資金源となる白髪山買収の件についても依頼したという(23)。

白髪山とは、士族授産を目的として明治八年に政府から払い下げられていた高知県長岡郡の山のことだが、その伐採事業が進捗していないため、立志社はその買い上げを申請していた。立志社総代として中村貫一が内務卿・大久保利通と大蔵卿・大隈重信に対して、公債証書十五万円をもって買い上げてほしいと申請したのは、明治十年一月のことである。大久保と大隈は二月六日、白髪山は「将来大用ニ可供成木夥多有之……御買上相成候共御不益之儀ハ万々有之間敷候」として、準備金から買い上げる旨許可したいとして岩倉右大臣に上申、二月十五日、「伺之通」との回答を得た(24)。当時はちょうどこの回答待ちの状態にあり、林は「御下金アレハ固ヨリ事ヲ挙ル積(25)」だったわけである。以後、林はこの白髪山買収資金の獲得による武器の購入、それによる挙兵に固執していくこととなるが、政府からこの回答が伝達されることはなかった。二月十五日段階で政府は林の意図を見抜いていなかったのであろうが、この回答を伝達する前に、林側の思惑を察知して差し止めたものと思われる(26)。

ともあれ、二月十四日、林は「県下有志士ヲ纏メ銃器大抵ノ見込アレハ直ニ挙兵セント欲(27)」して、板垣、後藤等とともに東京を離れ、まず大阪に向かった。この日、鹿児島の練兵場で薩軍の閲兵式が行われ、翌日、薩軍一番大隊以下の北上がはじまる。

三、京都での活動

京都に到着した板垣らは、三条実美や木戸と面会して諸事協議しようと試みるが、林はこれに反対する。板垣や後藤は、鹿児島征討の詔勅、また後藤入閣による大久保排除について協議したかったものと思われるが、林自身によれば、「不可ナリ三条木戸氏ニ面会何ヲ協議スルヤ是迄政府ト議不合建議不被行方向ヲ異ニス此ノ時機政府ヲ転覆シ前途ノ目的ヲ改メント欲ス勿論西郷氏トハ論ヲ異ニスルモ共ニ政府ヲ転覆シ事ニ依ラハ又鹿児島ト戦ハン……今日ノ際西郷氏ヲ征シ後云々ナル事ハ言ヘキ時ニ非ス」[28]と、林は、政府とはこれまで意見が合わないので議論は無駄であり、いまこそ西郷と連携して政府を転覆すべく帰県して人心をまとめ、銃器整えば挙兵することに決めよと主張していた。後藤は政府の処分を企てていたわけだが、林は京に至るまで、この思惑については知らなかったという[29]。

後藤は結局十七日に木戸と面会し「土佐の内情」について語ったようだ[30]が、この日に征討令が発出された。木戸と大久保の不和につけこんで長土相提携し、大久保を排除するというもくろみは、大久保が母国鹿児島の討伐に手をこまねき、孤立するという仮説の上に成り立っていた。大久保が早期討伐を決断した段階で、はやくもその目算は狂うことになる[31]。

政府軍による征討があきらかになったことで、林も、「政府ノ表面ハ此際応分ノ忠誠ヲ表シ度故万一募兵等ヲ成セハ板垣氏ハ土佐ニ在リテ尽力スヘシ」と、一旦政府に協力する体裁をみせて兵を募り、その兵を政府転覆に差し向けることを企図し、板垣がその中心たるべきだと語ったという。[32] 裁判での供述によれば、二十四日に大阪で板垣と会った林は、挙兵の見込みを極論し、「遂ニ挙兵ニ決」した。[33] この直後、林は後藤に対して次のように語ったと、のちに証言している。[34]

予ノ見込ハ板垣氏ニ陳述ス板垣氏許諾セリ予ハ時機ヲ窺ヒ事ヲ挙ル見込ナリ県下ノ士気振ヒ兵器ノ見込アレハ直ニ挙兵大阪城ヲ突撃セント欲ス……板垣氏ハ予ノ言ヲ容ル、モ頻リニ名義ヲ唱フ予モ名義ヲ好マサルニアラス名義ヲ求メハ事業ニ害アリ、名義ヲ求メテ事ノ万々不成ヨリハ寧ロ万一ノ成功ヲ期スルヲ願フナリ

すなわち、板垣は林の挙兵論を「許諾」したものの、挙兵の「名義」にこだわり、林はそれに反対したという。林は右の発言につづけて、後藤に「予ノ論ニ板垣氏同意ハ他人ニ知ラサル所ナリ、今日板垣氏来タラハ貴君列席ニ於テ予極論セン、貴君モ見込アレハ論シ、板垣氏同意ナレハ貴君モ前途ノ見込ヲ決スヘシ」と賛同を求めた。この後板垣が同席し、「予ハ板垣・後藤両氏ノ列席ニ於テ見込ヲ極論ス、遂ニ挙兵ニ決ス」と、両者の賛同が得られたという。

これは林の一方的な回想にすぎず、割り引いて捉えねばならないことはいうまでもないが、では、果たして、板垣はここで林の提案に賛成したのであろうか。

先述のように、西郷挙兵段階では板垣は即時挙兵に反対し、建白を先に、挙兵を後として臨機応変に態度を決すべく行動を開始し、後藤の工作にも同意していた。ただ、東京で民権論をまとめるよう

板垣が託した島本が、岩倉に対して議会開設を働きかける建白書をまとめるのは四月、立志社の建白書がまとめられるのも四月であり、この段階で民権派がまとまっていたとは思われない。後藤の成功の見込みはうすれており、西南の戦局の帰趨もはっきりしない。かかる情勢のなかで、板垣が林の「挙兵論」に賛成する可能性はあり、少なくとも、積極的に反対はしなかったものと思われる。しかも、板垣が「許諾」したとされる「挙兵論」とは、政府の挙兵に応じて高知で兵をまとめ、「時機ヲ窺ヒ」、士気と兵器が整えば矛先を大阪鎮台に向けるというものであり、臨機応変の余地を残していた。民権論がまとまりきらず、後藤の交渉が頓挫する中で、高知で募兵に取り組みながら西国情勢をにらんで起つという「挙兵論」に賛意を示し、なお、民権論高揚のためにも植木枝盛を同行して帰郷するというのが、この時点での板垣の態度であった[35]。あとでみるように、板垣に誘われて帰郷した植木は、さっそく片岡健吉と面会して「雑誌編纂」を議することになる。従来、挙兵か建白かの二元論で語られがちであった板垣の去就であるが、板垣自身は「臨機進退」の方針にしたがい、いくつもの条件と選択肢を設定して動いていたというべきであろう。

一方、「挙兵」の前提となる武器購入に向けて動きだした林は、さっそく弾薬製造のための鉛を購入、二十六日には高知の銃器商・中岡正十郎とともに高知へ向かった[36]。政府の募兵に応じて土佐で兵を集めるという方針は、すでに、後藤が木戸との会見の中で語っていたが[37]、後藤と同行していた大江卓によれば、「政府ニ於テ高知ヘ募兵ヲ命セラル、コトナレハ如何様ニモ尽力スヘシ」と後藤が申し出たところ、木戸はまだ募兵については政府で決まっていない、と応えるのみであったという。大江自身も木戸に対して、「当時高知ヨリ政府ノ要路ニ出仕シ居ル者少ナキニ付後藤象次《ママ》郎抔ヲ御採用アリテハ如何ト」伝え、後藤の採用をもとめつつ、高知からの募兵を説き、また「高知へハ余リキビシク御手ヲ入ラレテハ夫カ為メ却テ動揺スルモ図ラレサルニ付政府ヨリ真ノ時勢事情ヲ明ニ通シ鎮撫方ノ儀ヲ板垣退助ヘデモ御委任ノ方然ルヘキカト申タ」[38]。もとより、「自分カ募兵ノ……旨意ハ全ク高知ノ兵ヲ大坂ニ呼寄テ政府ヲ衝キ政府動揺ノ際ニ我カ事ヲナスノ心中ナリ」[39]と供述しているように、大江の本音は、政府のお墨付きを得て征討のための兵を募り、その矛先を政府に向けてこれを圧迫し、民選議院を設立することにあった。大江は、かかる強硬論を採る理由について次のように説明している[40]。

今日政府ノ模様ヲ見ルニ諸事圧制ニ出ツ此圧制ヲ受ケサル様ニスルハ民選議院ヲ起スニ如クハナシ左レトモ其民選議院ヲ起シ民権ヲ主張シテ人民本分ノ権利ヲ伸ルニハ必ス機会ナケレハ迚モ行レス今日西南ノ賊勢盛ナル時社其好機会ナリ然トテモ民権議院ヲ起シ民権ヲ拡張シ圧制ヲ防御スル事ハ政府ノ決シテ好サル事ニ付只議論上位ニテハ迚モ行レマシ是非政府ヘ抗抵シテ刄ニ血ヌルニ至ラサレハ事成ルヘカラス殊ニ今政府困迫ノ際ニ付外兵力ヲ以テ迫リ内民選議院ヲ起スヘキノ議ヲ主張スレハ必ス行ハル、ニ相違ナシ

四、抵抗権思想

ここで注意しておきたいのは、大江が言論による運動の限界を武力行使による議会設立の理由とし

て語っていることである。すでにみたように、林もまた、「是迄政府ト議不合建議不被行方向ヲ異ニス」と、これまで政府とは議論が合わず建議もいれられてこなかったので、これ以上の政府内工作や言論活動は無駄であるとして、政府転覆を主張していた。言論で抵抗してきたけれども、それが達せられないので武力に打って出る、という二段階論に基づく判断だが、その意味では、板垣も同じ思想空間にいた。彼もまた言論を第一とし、武力行使を後回しにする二段階論を前提として、人心をまとめて臨機応変に対処する態度をとっていたのである。

政府に対抗するにあたり、まず言論をもって迫り、それが無理なら武力行使に踏み切るという二段階論は、西洋の抵抗権思想の影響を受けて、当時急進的な民権論者から立志社まで、ひろく共有されていた概念であった。

抵抗権を肯定する思想を体系的に紹介したはじめての例は、『万国叢話』第二号（明治八年十月）に掲載された箕作麟祥翻訳「国政転変ノ論」とされている。反政府熱を高めていた民権家はこれを大歓迎し、抵抗権思想は、伝統的に反逆を正当化する論理とされてきた「天道の観念」を媒介として受容され、抵抗の正当性を強化しながら、急速にひろがっていく[41]。箕作の翻訳[42]については、いまだ何から翻訳されたかわかっていないが、その内容としては、政府が「私利」を懐いて「人民自由」に反するときは「国民等宜シク兵力ヲ用ヒ以テ之レヲ廃スヘシ」と述べて抵抗権を承認したが、手順として、まず「国ノ法律ヲ守リ以テ人民ノ冤ヲ訴フルヲ其常トシ」、「政府ノ之ヲ容レサル」場合は「闘撃ニ至ル」のだと二段階論を提示している[43]。当時征韓論の立場から激しい政府攻撃を展開していた『評論新聞』（四十号）はこれを転載し、私利をむさぼる政府の転覆を傍観する理はないと絶賛、同紙編輯長の関新吾が裁判所に呼びされると、関は、政府がもし極度に暴虐を働いて民を苦しめ、人民が「哀訴嘆願」しても容れられないなら、「竹槍蓆旗以テ暴政府ヲ倒シ更ニ自由ノ新政府ヲ設立スル」ことは「道徳上亦之ヲ許ストコロナリ」と語って担当判事を激怒させている。[44] 同紙第六十二号（明治九年一月）の伊東孝二「圧制政府転覆すべきの論」は、「権利自由」の不可侵性を主張し、政府の義務は人民の保護と自由・幸福の実現にあるとして、政府が言論や行動を束縛して幸福を阻害するなら、人民に政府転覆の道が開けると主張したが、その根拠として引用されたのは、人民の自主自由を侵害する政府の転覆を義務とした一七九三年のジャコバン憲法前文の「人権宣言」第三十五条であった。[45]

当時、『評論新聞』の編集者や記者をはじめ、讒謗律と新聞紙条例による筆禍を受ける者が続出していたが、かかる言論圧迫が言論への絶望感とさらなる抵抗心を掻き立て、「圧政が行われ、言論による政府への異議申し立てがいれられず、それを束縛するような状況が生じるなら、武力行使は正当化される」といった主張への賛同者は拡大していったにちがいない。前章で述べたような、武力行使と言論活動とが手段として混在・平行している状態が、西欧からの思想流入と言論弾圧によって整理かつ正当化され、民権運動の中心にいた立志社においても、言論による反政府運動の閉塞感と抵抗権思想による武力行使の正当化、二段階抵抗論は共有されていった。

たとえば植木枝盛は明治九年六月、「自由は鮮血を以て買はざる可らざる論」（『湖南新報』十一号）を発表し、「人民」にとってもっとも貴重なものは「自由」であり、圧制政府に対抗して自由を得るためには「議論と鮮血との抵抗者」が必要で、圧制がまだ「太甚」に至らなければ「言論の抵抗」でよいが、「太甚」に至って言論を封殺するならば、「土塊を壊崩するの術」をとるほかないと植木は主張した。その際、参照されたのはアメリカの独立とイギリスの革命であった。植木は「人ヲ猿ニスル政府」と題する新聞投書で、政府の思想・言論抑圧政策を批判し、新聞紙条例第十二条違反として禁獄二ヶ月の有罪判決を受け、出獄したばかりだった。植木にとって、かかる経験が言論活動に絶望させ、抵抗権の主張へとシフトさせたと指摘されているが、以後、彼は一貫して言論自由と抵抗権の主張を展開していくこととなる。[46][47]

こうした思想は立志社の公式見解ともいうべきものとなり、明治九年七月二十五日付の津田旦相・佐佐木宛書簡によると、社長の片岡自身が「人民の為なれバ政府は転覆する共可なり」と発言していた。立志社法律研究所長の島本も武力行使を当然の権利と考えており、明治十年三月頃、「内閣ノ奸吏ヲ除去スル」上で「止ヲエサルノ機会ニハ腕力ヲ用ユルモ妨ケナカルヘシ」と述べていた。林や大江の発言も、こうした中で生まれてきたわけである。そして板垣も、この思想空間の中にいた。[48][49]

五、立志社の挙兵計画

ともあれ、すでにみた後藤や大江とのやりとりから察せられるように、木戸は板垣の動向を警戒していた。それを、板垣は民権論で大丈夫だと説得したのは、高知出身で元老院議官だった中島信行である。木戸は、中島を通して板垣に政府支援軍を編成させ、苦戦中の政府軍を支援させようとすることになる。[50]

中島が募兵について後藤、林と相談したところ、「報告書」によれば、林は高知兵をひとまとめにして陸軍とは別行動をとり、薩軍を攻撃すると見せかけて「三五千ノ兵ヲ大坂ニ出スベシ」と述べた。(51)林自身の口供によると、このとき彼は後藤に「高知ノ壮兵ヲシテ一方ニ当ラシムルノ許可ヲ得レハ拙者ハ十分尽力スヘキニヨリ何卒其許可ヲ得ル様周旋」にあずかりたいと持ちかけている。白髪山の買い上げ金があれば「暴挙スルコトハ勿論」であり、その後「民権拡張ノコトヲ主張スルノ心組」だった。(52)

この募兵計画は、四月十四日の熊本城開通によって政府軍が優勢に立ったことで、その必要性が薄れ、同月十五日に中止となっている。ただ、大江がこれについて、「中島の意見は東京の方では随分纏つて居つた計画であつた様である。然し土佐と云ふものを深く疑つて居たのは京都の仮政府側であつた様だ」(53)と述べているように、この時期すでに政府側はかなり正確に立志社の挙兵計画を察知しており、中止の背景にはそうした状況判断もあったものと思われる。

いずれにせよ、林と板垣が高知に帰った二月末の段階では、まだ戦争の帰趨も、募兵計画の行方も、定まっていない。

林が高知に到着したのは、二月二十八日のことである。

この頃、西郷起つの一報を受けた高知士族の間では、不穏な空気が流れていた。政府の密偵として県内を探っていた津田旦相は二月二十日付の岩倉宛報告書の中で、「人心ト時勢之変動且ツ不平ノ頑士族有之誠ニ一般ニ可恐可憂景況」であるとし、「暴挙等スル景況更ニ無之」としながらも、「此度板垣退助林有造ノ帰郷立志社中ノ方向ヲ一ニスル目論見其注目スル処首唱スル名義ハ不相別《ママ》」として、帰郷する板垣・林の意図は不明であると伝えている。(54)これをみた岩倉が不安を感じたであろうことは、いうまでもない。

果たして、林はさっそく立志社社長・片岡健吉を訪問して挙兵計画を説き、社内では県庁を撃破、官員を殺戮して挙兵し、政府を打倒する案なども持ち上がったという。おりしも、鹿児島の戦況視察に赴いていた土居忠信が帰県、熊本での戦闘で政府軍が不利に陥っており、全国の鎮台が派兵しているため東京・大阪・京都の兵は手薄で、「南海ニテ起ルハ、此ノ機ニ有リ」と伝えていた。[55]

三月一日、社長・片岡、副社長・谷重喜、山田平左衛門、池田応助、金子宅利、広瀬為興など立志社の主だった面々が集合、林が京阪の事情や武器購入計画を説明したところ異議なく、その夜、すでに帰郷していた板垣をまじえた幹部の集会で挙兵に「社議一決」したと、林は述べている。[56] これもまた林の回想にすぎないが、この段階で具体的な作戦計画が合意され、かつ、板垣がこれに賛同していたことは事実のようである。[57]

「報告書」によると、その計画とは、「銃器調ヒシ上ハ、総勢二タ手ニ別レ、一ト手ハ土佐ノ北山ニ入リ、山渓ヲ伝ヒ、阿州徳島ニ出テ、汽船ヲ以テ紀州ニ渡リ、直チニ大坂ヲ突キ、一ト手ハ予州路ニ出テ、備前ニ渡リ、臨期東方ニ向フ」と、二手に分れて一方は徳島から紀州、大阪鎮台へ、もう一方は伊予から備前、大阪へ向かうというものであり、立志社のみならず県内保守派の古勤皇党の参加も期待しながら、この作戦を実施するとしていた。[58] 広瀬為興によれば、後者の大阪攻撃軍は元陸軍大佐で大阪鎮台司令官だった谷が統率、陸奥宗光が率いる紀州軍と合流し、前者の中国進出軍は元海軍中佐の片岡が統率して東進する薩軍と合流することになっていたという。[59]「報告書」は、「板垣モ土佐ノ人気ヲ親シク視察スルニ、尚元気アリ、八千ヨリ一万ノ壮兵ハ得ベシ。左スレバ、一挺ノ銃ニ三百発ノ弾薬調シナレバ、三軍ニ将トナリ指揮スベシ」と述べ、谷も、「最早社論一定セシ上ハ異論ナシ、機失フ可カラズ」と語ったという。(60)「政府軍不利」の一報と高揚する高知士族のエネルギーを前に、臨機応変を旨としてきた板垣は、ここに、挙兵の指揮を執ることを決断したようである。片岡健吉の態度はよくわからないが、萩原延寿氏が指摘しているように、積極的に反対はしなかったものと思われる。(61)

この後林が三月二十日に上京して後、日時は不明ながら、板垣が「西郷ヵ薩隈日三国ノ兵ヲ掲ケ天下ニ呼号セハ、恐クハ其目的ヲ達スヘシ、故ニ薩軍馬関ヲ押シ渡ラハ、土佐人士ハ猛然決起シテ共ニ其志ヲ成シ、以テ天下ヲ経営スヘキナリ」と自邸で語ったと、広瀬為興は記している。これを聞いた谷、片岡、岩崎長明、池田応助、山田平左衛門、島地正存、広瀬などは発奮して壮挙を期したという。(62)

右の経緯を総合するなら、板垣は挙兵論に賛同して指揮を執ることを決断したものの、そこには重要な留保が付されていた。そのひとつは「銃器調ヒシ上」であり、また「弾薬調シナバ」であり、さらに「薩軍馬関ヲ押シ渡ラハ」であった。当時十六歳で立志学舎に学んでいた西原清東は、大阪襲撃論を聞かされた板垣は、「薩軍」が「京攝の間に殺到して政府を倒さんには。……吾党は始めて薩軍と聯合して其権衡を持するを得べし」と語ったと述べている。(63)板垣にとって、武器弾薬が整い、かつ戦況が明確に薩軍に有利となることが挙兵の前提条件、すなわち二段階論に基づく第二段階へと踏み出す条件だったわけであり、その西南の戦況は、いまだ予断を許さない状況にあった。大江とともに暗殺計画の中心にいた岩神昴が三月十七日に帰郷して板垣に会見、九州の戦局は互角であり、板垣の決起がこれを左右すると切論して挙兵をもとめたが、板垣はこれを黙殺したという。(64)自らの決起によって戦局を左右することより、有利な戦局が展開されることが挙兵の前提条件であった板垣にとって、それは当然の態度であったにちがいない。

銃器の不足は、林が最初から課題としていたところであり、高知の中岡商店から購入する硝薬二万斤と、林が大阪から送った鉛二万斤をもって弾薬を製造することとなったものの、肝心の小銃の不足は県内では対処できなかった[65]。

かくして林有造は、武器調達のため、東京に赴くこととなった。すでにみたように、林は白髪山の買い上げ金十五万円を期待しており、これをもって、当時香港上海銀行にあったスナイドル銃三千挺を購入すべく、企てていた。「報告書」によると、これは台湾出兵時にある外国人が日清両国に売り込もうとして運送したものの、紛争終結のため用なしとなり、銀行に質入れて流れたもので、三千挺を一挺十五円、計四万五千円で購入し、手付金として五千円を横浜で、あとは上海で渡すという計画であったという[66]。すでに岡本健三郎が周旋していたが、その岡本から、資金が足りず政府から土佐は疑いをもたれているとして、林に上京を促してきた。林が高知を発ったのは、三月二十日のことである[67]。

林が大阪に寄ると、三月十三日に島本仲道と鷲尾隆聚が拘留されたと、大江から聞かされる。この件については後述するが、板垣が帰郷に際して在京民権派の結集を託した島本は、その成果を十分に得ないまま、戦時下の日々を牢中に送ることとなる。大江はこのとき、「敵本能寺ノ語ヲ用ユヘシ」と述べ、政府の募兵に応じて上京し、一日も早く、防御が手薄となっている大阪鎮台を攻略すべきだと主張したが、林は、政府が高知から募兵するかに懐疑的であり、武器を調達し挙兵することによってはじめて高知の反政府勢力をまとめられると主張してわかれた[68]。

三月三十一日、林が東京に着いて岡本と会うと、集められたのは仏銃八百挺と弾薬百発のみと知って激怒し、後藤を訪問して武器商人との仲介を依頼している。四月三日頃、林はさらに大蔵卿・大隈重信に面会し、買い上げ金の交付を早めてくれるよう要請した[69]。しかし、すでに四月一日には大久保利通が大隈に宛てて、「高知県之模様密偵いたし候」として、「兼て御買上相成候彼社官林代価御下ヶ渡之義御見合有之度自ラ御勘考モ有之事ト信用候得共此度林有造其辺尽力之為出東京候哉ニ被察候付為念申上置候」と報じており、交付がなされるはずもなかった[70]。岩倉が四月六日付で柳原前光に宛てた書簡でも、「高知県下ノ事情ヲ探偵スルニ甚穏ナラズ委曲ハ昨日土方ヲ差立御報知ニ及ブ」と記し、その土方久元に四月八日付で託した覚書には、「外国人内談器械弾薬船云々」「林有造東京へ帰来山林代金云々」「為替方ヨリ四万円計リ融通弾薬云々」「政府士族兵ヲ募ラバ云々」「暗殺論云々[71]」とあった。政府側は、林の動きをかなり正確に見通していたといわなければならない[72]。

六、島本仲道の運動

ここで時間をさかのぼって島本仲道が拘留されるに至るまでをみよう。銃器購入と暗殺の計画がすすめられる一方で、板垣が二月に東京を離れる際、「東京ニアル嘯集結合シテ民権ヲ更張スベシ」と指示していた島本仲道が、東京において結社の組織と建白運動をすすめていた。

島本は征韓論政変に際して司法省三等出仕を辞し、立志社法律研究所長となった人物で、当時、大阪や東京などに「北洲社」を設立して代言人の育成や貧民の訴訟を支援するなどの活動を展開していた。[73]その島本はまず、「報国社」の結成を企てている。のちの供述において島本は、「此社ノ性質ハ凡ソ土州ノ立志社ノ規則ヲ折衷致用ヒタリ大凡束ネテ申上レハ国ヘ対シ方向ヲ定議スル社ト申シテ可ナリ」と述べており、立志社にならった言論結社として構想していたことがわかる。[74]報国社の「条規」は、すでに政府の知るところとなっていたが、それによると、第一条では「此社ハ同志力ヲ摂セ上宝祚ヲ無窮ニ奉持シ下人権ヲ拡張シ皇国ノ元気ヲ煥発センヲ要旨トス」とされており、毎月の集会開催や雑誌の編纂、地方支部の組織などがうたわれていた。中心となっていたのは島本のほか、その旧知である鷲尾隆聚と岡本健三郎で、三月五日の時点で社員は三百名に達し、すでに会合も何度もひらかれていたという。[75]

島本は岩倉具視への建白書の提出も目指していたが、その草案を懐中にしていたところを後述する事情で警視局に拘引されたため、その際にこれを破り捨てている。ただ、取調べにおいて、建白書の趣旨を次のように述べており、その大要がうかがえる。[76]すでにみた経緯からして、板垣の意をある程度反映したものとみてよかろう。

本年三月中上疏セント考慮セシ素案ノ意味等御訊ニ付上申ノヶ条

一　該疏ノ意味ハ国会ノ元質ヲ講成シ国家ノ安寧ヲ保タントノ論意ニ有之候事

一　先年来佐賀山口続テ当時鹿児島ノ騒動等其元質素ト諸大臣論議ノ相協サルニ生スル者ト思想セルヶ条

一　他又諸県下ノ百姓石代貢物等ニカカル暴動等モ其元質ヲ不弁ニ起ル者ナレハ是ヲ防ク更ニ体

裁ヲ講成《ママ》スルニ有リトノ事

一　是等ノ情勢続々相絡ク時ハ国家大ニ衰耗ニ至ルノ惧レアリ亦タ人民其騒動ノ何等タルヲ不弁ノ失アリ云々トノ事

一　周テ愚考スルニ其弊害ヲ生スル原由ヲ論究シ中外其平均ノ権ヲ保タシメン為メ局外ニ一製度《ママ》ヲ設ケ当時天下ノ標準タル華族ト諸県有名ノ士トヲ徴シ大ニ会議ヲ開キ初条ノ意ニ称ワン事ヲ企望シタル事

政府内の意見の不一致によって各地で反乱が発生しているとみる島本は、華族と諸県の代表をもって国会を開設して、諸問題の原因を追究し、反発を防ぐことを訴えようとしていたわけである。

同じ頃、鷲尾隆聚も宮内省に建白書を提出している。三月十日のことで、「西郷隆盛ニ面接シ暴徒ニ党セシ源由ヲ尋問シ其論スヘキハ之ヲ諭シ其匡スヘキハ之ヲ匡シ其審決スル所ヲ具状」するため鹿児島に赴きたいと申し出るものであった(77)。

政府は、島本や鷲尾の結社組織や建白運動を強く警戒していた。鷲尾の建白に対して太政官は「不容易儀ニ付其局委曲取調可申」と警視局に指令し、鷲尾と島本は拘留されたのである(78)。岩倉は三月十一日付の三条・木戸宛の書簡において、この間の事情について記している。すなわち岩倉は、鷲尾の建白書を「言語道断之事」と断じ、「鷲尾ハ勿論連類之者尽く拘留可致内閣内評議仕候」と報告し、その理由として、鷲尾を焚きつけたのは島本と岡本であり、両名は鹿児島の反乱は鹿児島県人同士の私戦であるとして島津久光を説き、休戦させた上で西郷、大久保、川路等「双方相当之処分ヲ為」すべきだと鷲尾等を鼓舞しており、さらに板垣を動かすべく説得しようと企てているという。岩倉は、「板垣動カサル、コト無之トモ言難シ」と不安を表明し、報国社についても「宝祚ヲ無窮云々」と述べているのは「表面」にすぎないと警戒していた。「休戦」と「板垣」とがどう結びつくかは、明確でない。岩倉はこの書簡に「別紙探偵書類入内覧候」としているが、現存する同書簡はこの書類を欠いている。(79)

ただ、これに相当すると思われるものが、「太政類典」中に右の警視局への指令に添付して収められており、不明の部分を補ってくれる。三月五日付の同資料は以下のように述べている。(80)

一番町三番地　島本仲道

右ノモノ云フ今般西郷ノ起ルヤ天下革命ノ時ナリ有志ノ輩ハ国家ニ忠良ヲ尽サ、ルヲエス其忠良ヲ尽スノ旨意タルヤ政府ヲ保護シ内閣ノ奸吏ヲ除去スルニアルノミ今政府ノ奸吏ヲ除去スル一朝ニテシカタキモノアレトモ素ヨリ官吏ノ進退ハ人民ノ権利中ニ存スルモノナレハ決シテ名聞ヲ誤ルノ畏レナシ又止ヲエサルノ機会ニハ腕力ヲ用ユルモ妨ケナカルヘシ夫レ西郷ハ勢ヲ熊本ニ伸張シテ其身ハ却テ近日伊予ニ来ルトノ説ヲエタリ然ル上ハ板垣モ必ス応スヘスト

島本はこれを鷲尾に語って同意を得、「兵書金石ハ島本ノ周旋」するところとなっており、先述の報国社が「人権主張ヲ趣意トス」るのも、やはり「表面」にすぎないとされていた。

すなわち、政府の「奸吏」を除去するために腕力に訴えるのをよしとし、西郷が熊本を経て四国に

上陸するならば、板垣はこれに呼応するだろうとみていた島本らは、島津久光を説いて休戦させた上で、板垣と西郷を組ませ、「政府ノ奸吏ヲ除去」せんと企てている、とみられていたのであろう。

かかる認識が政府内に存している中で、西郷に会いに行くという鷲尾の建白が「不容易」「言語道断」と判断されたのは当然であった。

島本がかかる企てを実際に持っていたのかどうかは、よくわからない。取調べにおいて島本は、鷲尾建白への積極的関与を否定しつづけ、政府もその罪を追及することはできなかったようで、十月になって「其方儀不審ノ廉アリテ拘留セシモ今日ニ至リテハ取調フヘキ儀モ無ケレハ差許ス」として放免された(81)。いずれにせよ、板垣が在京民権家の糾合を託した島本は、結局、戦争期間中をむなしく檻中に送ることとなり、『西南記伝』(明治四十四年刊)によれば、「都下の同志之(鷲尾、島本の拘束——引用者)を聞き、盟を破りて潰散するもの少なからざりしと云ふ(82)」。

七、戦局の転換と立志社

明治十年四月十四日、政府軍が熊本城の攻囲網を突破して籠城軍と連絡し、戦局は大きく転換した。翌日、林有造は高知県令に赴任する実兄・岩村高俊の送別会の最中にこの一報を受け、「陽ニ悦フモ心意鬱然(83)」とならざるを得なかった。大江は即時挙兵を唱えるが、林はなお銃器購入、そのための買い上げ金獲得に固執し続けることになる。

一方高知では、三月の林の上京後に建白論が台頭し、片岡健吉も言論で政府を動かす方向へ傾いていったといわれる。[84] 建白論が勢威を持つ契機となったのは、熊本城開通による戦局の変化であった。四月二十日付で岩倉に宛てて出された報告書（差出人不明）は、次のように伝えている。[85]

十四日ヨリ六日マテ之電報ニテ……追々建言之論ニ一定可致所過日来ノ模様ニ而ハ県下ニ暴動之程モ難斗勢ニ有之候得共二度ノ電報ニテ聊カ沈着之姿ヲナシ先ツ県下ニ暴動致候義ハ有之間敷所ト想像致セシ程

熊本城開通の知らせが建白論を定着させ、挙兵論を沈静化させた様子がみて取れよう。広瀬為興によれば、薩軍が不利に転じて以降、板垣は、公議輿論を高揚させて誤った政治を変革すべく、片岡に建白書を提出させたと述べている。[86]「臨機応変」を旨としてきた板垣にとって、いまや、西郷に呼応しての挙兵という選択も、政府軍に便乗しての挙兵という選択も、過去のものとなったようである。挙兵が成功する可能性は消えた。すなわち、第二段階として武力に訴える可能性は失われた。以後、板垣は第一段階として、建白の提出と世論の高揚による議会開設と、そのための人材養成へと傾いていくことになる。

大阪で即時挙兵を唱え続けていた大江は、これを立志社に説くために三月下旬か四月上旬に板垣に書簡を送り、「今度政府ニ於テ諸県へ募兵ノ企アルニ付高知ニ於テモ表面ハ募兵ヲ出願シ其実ハ大坂ニ出兵シテ政府ヲ衝ケハ政府必ス動クヘシ然ル時ハ民選議院モ起リ民権拡充ノ事モ必ス成ルヘシ足下ハ如何」と問うた。政府の募兵に応じて大阪を突くというのは、彼の持論であった。板垣のもとにこの手紙が着いたのは四月初旬か中旬と思われるが、返事は出されず、その後岩神昴が大江を来訪して、高知では「足下ハ狂気ニテモシタルカ」といわれていると伝える。(87) 大江はさらに板垣に書簡を送り、事をなすには一時は恥を忍ぶ必要があり、「兎角ヤルヘシト云趣意」を伝えたが、板垣から伝言で、「足下ハ不条理ノコトヲ申越シタリト答アリタリ」という。(88) このあたりが、熊本城開通直後の板垣の感想とみてよかろう。

かかる板垣の方針転換は、当然ながら、高知県内の挙兵派と衝突することになった。四月二十日付の岩倉宛報告書（差出人不明）は、次のように伝えている。(89)

近日来ハ立志社中ノ激論輩ハ尤モ迫リ甚シク其子細ハ社中ノ上等ノ人ハ高上ノ論ヲ唱候得共其人ハ其地位ニ居候付其論ニテモ可能然我々ハ其ノ地位ニ不居ニ付右等ノ論ヲ唱候間ニ合ズ依テハ退社シテ我々ハ其ノ分ダケヲ以テ事ヲナスベシトトノ論ニテ立志中等以上ノ人ハ心配極メ候得共此頃ハ板垣氏等ノ論モ聞キ入レス板垣氏ハ因情ノ人ニナリタリト申位ニテ建言ノ論モ高上ノ事ニテ我々ノ分ニアラスト申シ唱ル

板垣を「因情ノ人ニナリタリ」といい、「建言」に反対する「立志社中ノ激論輩」の動向は、政府側の憂慮を惹起することにもなった。

熊本開通前の四月十日の段階で、岩倉は三条と木戸に宛てて「高知県之形状固より不可測候……始終必す事あるものと御見做少しも御油断無之様冀望致候」(90) と書き送り、警戒を促していたが、その後も挙兵派の暴発論はくすぶりつづけ、政府の警戒も解かれることはなかった。五月二十日、岩倉は三条に対して「高知県事情……到底平穏に相済間敷」として「大兵を募り万一の時海陸大挙迅速御処分有之度」[91]と要請、五月三十日にも岩倉は三条に宛てて、「高知県事情追々切迫ノ探偵モアリ只激論ノミトノ探偵モアリ此節ニテハ一向確ト致候儀分リ兼候」と、情勢判断に困惑していることを告げ、「高知県事情立志社弥破裂之趣一度ヒ暴発候ハ、各社同意ハ勿論薩隅日ノ如ク四国一般ニ時及モ不可知誠ニ御大事ト懸念此事ニ御座候」と、立志社が暴発した場合周囲に拡大する懸念が大きいとして、「何卒早ク御着手高知県外之人民不幸ヲ蒙ラサル様厚ク御注意有之度」と注意を促している。[92]同日、岩倉は別の三条宛書簡において、「片岡健吉・林有造異論云々一種暗殺論ニ付注意云々」「立志社破裂ノ模様是彼極テ懸念ノ事ト存候」とも書いた。[93]六月二日付の岩倉・伊藤連名の西郷従道宛書簡では、立志社が自助社と連絡するのではないかと「誠ニ懸念致候」として、「就而ハ速ニ大兵ヲ繰込従ヒ高知暴発候共土州ノミニテ外三国ニ不及様御方略願度」と、高知に出兵して暴発を県内におさめるべきだと述べている。[94]大久保も翌日付の岩村通俊宛の書簡で、高知は「到底無事ニハ相済ましくと被存候」とし、ただ「暴発」にはいたらず「刺客ナト」で済むだろうと書いている。[95]こうした警戒の結果、六月三日、千二百名の警部・巡査で構成された警視隊を四国に派遣することが決せられることになる。[96]

一方板垣は、暴発論を抑えようと努めつつ、教育や言論による運動の足固めにとりかかろうとしていた。

五月二十六日、政府の探偵として高知入りしていた警部・力石八十綱が、旧知の立志社社員を通して板垣退助と面会している。力石は帰京後、板垣との会談内容を報告しているが、[97]当時の板垣の考え方を示す貴重な資料と思われるため、やや詳しく検討を加えておきたい。

まず力石が、「立志社論ハ如何」とたずねると、板垣は「社論ハ戴テ建白ニ尽ス」として、「建白ノ要領タル施政ノ順序ヲ誤リシ条件ヲ前段ニ詳載シ尋テ姿勢ノ順序ヲ誤リシモ必竟輿論ヲ用ヒス常ニ専断事ヲ処スルアリ然ラシムト依テ民選議院ヲ開テ天皇陛下ノ尊栄ヲ増益セントスルニ文ヲ結ヘリ」と、作成中だった立志社建白の内容について語った。建白書の成果はありそうか、採用されなければどうするのかと問う力石に対し、板垣は「此際強テ成果ヲ立トコロニ見ントスルニアラス敢テ干戈ニ訴ヘテ腕力ヲ試ミントスル等ノ意志ハ目今毛髪ダモ之レナシ」として、成果はなくとも腕力に訴えるつもりはないと強調している。(98)

この前月の四月二十六日、立志社では県庁に「護郷兵団結趣意書」を提出し、九州の戦乱から土佐を防衛する護郷兵の設置を申請したが、県庁は、これが挙兵につながるものとして警戒し、却下していた。この護郷兵について板垣は、かつて熊本の人民は、薩軍が押し寄せたとき「自尊ノ気風」がないので離散・狼狽したとして、「万々一西隅ノ暴徒高知郷土ニ襲来蹂躙スルニ至ルトキ」に「彼ノ轍ヲ踏マンコトヲ恐レテヨリ護郷ノ論起リタル所以ナレハ暴徒ノ襲来スルトキ已レヲ守ルノ談ヲ成サントス」と述べている。板垣は自衛の名目によって、高知士族の動揺を抑え、これを取り込むべく護郷兵結成を企てたようである。(99) 実際、四月二十日付の岩倉宛報告によると、暴発せんとする強硬派を前に板垣は「最早説諭而已ニテハ難被行ト板垣氏ノ案ニテ御境《ママ》兵ヲ起シ」たが、その議論を進めるうちに西南の戦局が転換したため、「激徒」は「上等輩ノ高上論ニアサムカレ」たと憤激していたという。(100)

さらに板垣は、民権論の足固めとして、次のように取り組んでいると力石に述べる。(101)

民権拡張ノ宿志ハ金鉄ノ如ク素ヨリ巍然トシテ抜クヘカラス共之ヲ実地ニ試ミントスルヤ尤急進ナルモ人民ヲシテ自主独立ノ何物タルヲ了得セシムルニ至ルハ必スシモ事ヲ遠永ニ期セサル可ラサルヲ以テ現ニ近日新聞誌二種ヲ発兌セントシ又庁下二ヶ所ニ寄席ヲ設ケ社員十名斗交ル々々出席輿地誌略自由ノ理民間雑誌佐賀電信録熊本山口ノ乱抔取交セ講談シ独立ノ気風ヲ養成セントス猶且立志学舎ノ生徒学業大ニ進捗シ目今ノ教員学力ノ限リヲ生徒ニ授ケタルニヨリ是日東京慶應義塾ヘ教師雇換ヲ照会シタリト又以テ急進ナルモ事ヲ遠永ニ期シ美果ヲ他年ニ見ントスルノ情実ヲ見ルニ足ル

民権拡張の実現は急がねばならないが、人民に「自主独立」の何たるかを教えるには時間がかかるとして、新聞を発行し、講談（演説）を開いて「独立ノ気風」を養成し、立志学舎の発展を評価して慶應義塾に教師の変更を照会している、と板垣はいう。その視線は、「美果ヲ他年ニ見ントスル」長期的射程へと向けられていた。明治七年四月、立志社が創立されたとき、その「趣意書」は「天下の民会」設立のための同志団結を掲げ、天賦人権の保護のため、政府に依頼するより「独立の気風」を養い「自主自立の人民」となることを目指し、もって議会開設に備えようとうたった。(102) このために教育機関として立志学舎が、権利保護機関として法律研究所が設立され、演説討論会も開催されていた。板垣は、いわば立志社の原点に回帰してこれを強化・伸長させるべく意図したといえよう。

さて、立志学舎の教員変更の直接の理由は、当時慶應義塾から派遣されていた矢部善蔵の評判がわるいことにあった。東京に出て慶應義塾側と折衝にあたった弘田伸武は、「矢部ノ生徒ヲ教授スル何分明瞭ナラヌトテ生徒中往々不平ヲ唱ルニ付遂ニ矢部ハ引替ノ議ニ粗決シタリ併シ矢部ハ未タ雇期限モ遠キニ付今違約スル訳ニモ至リ兼ルニ付自分東京ニ上リ先江口ニ依頼ノ上江口ヨリ矢部ヘ手紙ヲ以テ以後勉強スヘキ旨ヲ諷セシムルノ策ナリ又一ツニハ右ノ次第ヲ福沢諭吉ニ示談シ福沢ノ意中ニテ矢部ヲ引替呉レル様ノ相談ニナレハ別テ好都合ナリ」と述べている。「江口」とは、明治九年末まで立志学舎で教えていた矢部の前任者、江口高邦のことである。かくして弘田が慶應義塾側と教師交代について協議するために高知を発ったのは、四月六日のことであった。弘田はあるとき学舎を訪れて「生徒不平云々ノコト」を聞き込んで、これを池田応助に話し、教師の雇用については人に頼るのでなく、直接交渉すべきだと述べて、池田や片岡が同意、東京行きが決まったのだという。(103) 弘田の東京滞在中に、林は熊本城開通の通報に接して驚愕することになる。弘田は江口と交渉の上で帰県し、新たな教師として吉良亨と永田一二が立志学舎へ派遣されることになった。

すでにみた板垣の談話にあるように、この教師交代は教師の評判だけでなく、板垣が「人民ヲシテ自主独立ノ何物タルヲ了得セシムル」ための措置の一環として位置づけられていたことに、注意しなければならない。大江卓は板垣からこの件について相談を受けたが、その際板垣は「一体高知モ今日迄ハ兎角腕力ノミナルニ付追々学業ニ従事サセ文化ニ誘導サセ至極ヨカルヘシ」と述べ、また「高知士族ハ当時鬱々トシテ居ルニ付若シ新聞紙ニテ出来シ上新聞紙ヘ激論ニテモ掲載スレハ自然鬱気モ発シテヨカルヘク」と語ったという。(104) 教育は「腕力」を「文化」へと誘導する道であり、新聞は「鬱気」発散の試みであった。六月から開かれた演説会では、大江も一席語って、「人タル者ハ尺其本分ヲ守ルハカリテハナラス進ンテ善ヲナサスハナラヌモノナリ或ハ身ヲ殺テ仁ヲナスト申コトモアレハ諸人モ大奮発シテ進テ善ヲナサスハナラスト」[105]弁じた。

弘田は、上京中の林のもとに滞在したが、上京する弘田に対し、片岡は次のように依頼したという。[106]

立志社ノ風聞色々世上流伝スルヨリ深ク立志社ニ嫌疑アルニ付右白髪山御買上金ハ全ク立志社カ軍資ニ為サンナト、ノ風聞アリ因テハ急速御買上ノ事ハ運フマシキニヨリ有造ハ帰県スル様足下上京ノ上有造ニ申聞ルヘシト

すなわち片岡は、林の策謀が風聞として流れて立志社が嫌疑を受けており、買い上げは無理であるとして、林を帰県させるべく、弘田に説得を託したのである。実際弘田は林に、「是日貴君銃器着手ノ世評甚タ高シ今暫ク見合スヘシ」と語ったという。[107]弘田の上京には、教師交替による「文化ニ誘導」という板垣の意図と、林の帰郷による立志社の防衛という片岡の思惑との双方がはたらいていたというべきであろう。

日時は定かでないが、この頃、立志社社員が協議して、挙兵して西郷討伐に当たるのは専制政府を助けることになるとして否定、国会開設の建言を提出して、天下に社の態度を確認させるべきという結論にいたっている。[108]すでにみた四月二十日付の密偵報告が、熊本開通の報を受けて「追々建言之論ニ一定」とあり、また後述する建白第一稿の成立時期からみても、熊本開通直後に建白論が固まったものと考えられる。建白に対する板垣の意思は強かったようで、六月八日付の津田旦相・岩倉宛報告書は、「高知県下有志ノモノハ専ラ国会ヲ起シ明治八年四月十四日ノ詔ニヨリ立憲政体ヲ実地ニ施行

云々ヲ希望スル者多シ板垣退助最モ之ヲ主張ス板垣ハ西郷ノ複轍《ママ》セズ只民権ヲ張リ決シテ干戈ヲ以テセズトノ決心ノ趣」[109]だと伝えている。また板垣は、建白書は天皇に提出の上で印刷して全国に数千部頒布し、「人民ヲシテ建白ノ意志ニ基キ、政府ヲシテ望ヲ失ハシメバ、譬ヘバ、西郷斃サル、共、今後ハ人民一般ニ起ルベシ」と述べたと、「報告書」は伝えている。[110]

かくして民選議院・立憲政体設立の建白書が起草され、六月九日、片岡健吉が京都の行在所に提出した。この建白書の起草者については諸説あったが、植木枝盛文書中に彼自身による各種草案が発見されたことなどから、植木によるものであることが確認されている。植木自身は、建白書は板垣退助の立案によって、植木が第一稿を起草したと述べており、その第一稿には「四月下旬」の奥書が残されている。[111] この日付から推すに、板垣は四月十四日の熊本開通直後に植木に起草を指示したのではないか。これと前後して立志社内の挙兵論が一気に沈静化し、板垣の言論路線が顕在化したことはすでにみたとおりだが、建白書起草は、その象徴的なできごとであったかと思われる。

建白書は六月十二日に「不都合」として返却された。[112] 政府としては、建白などは取り合うまでもないとして退けつつ、もはや大規模な暴発はないと見、しかし少数による突発的行動には注意を尖らせているようであった。六月五日、すでに建白書の内容の写しを入手していた伊藤博文は山県有朋に宛てて書簡を送り、「建白書写一覧候処、政府之過失を挙け行政施設之適当ならさるを論し結局民選議院設立を以て今日之急緊なりと言へり。……何も愚論而已にして見るに足る者なし。陰に暗殺之論あり、是は随分警察の注意ある趣に付御懸念被下間布候」[113]と記した。六月九日付の品川弥次郎宛書簡で大久保も、「高知県一般兵ヲ挙叛キタリトテ驚ク可キ政府ニアラス況乎此弊ヲ窺ヒ建白ヲ以政府ヲ困ラセ間接ニ天下ヲ攪乱セシメントノ卑劣ナル所業ニ於テオヤ」[114]と記している。政府はすでに陸軍中佐・北村重頼を高知に派遣し、立志社と近い銃器商・神田屋政兵衛から銃器・弾薬を押収、六月六日に大阪へ輸送させていた。

挙兵計画の中心人物であった林はすでに高知に帰っており、建白書の却下を受けて再び高揚する暴発論を受けて、少数精鋭による大阪城攻撃策を説いた。賛成者は少なくなかったが、板垣が「林君ノ方策頗ル可賞予モ同意ナルモ可惜只人数ノ少ノミ」として反対、林はあくまで古勤皇党などと連携した挙兵を主張するが、板垣の論が立志社の大勢を支配して、林も従わざるをえなかったという。[115]六月二十四日付の密偵報告書は、兵器押収の際に立志社内では「余程之ヲ拒ミタル由」だったが、「板垣先生ハ之ヲ拒ムトキハ益政府ノ嫌疑ヲ強堅ニスルモノハレハ此度ハ求メニ応シ売渡スニ如カストノ旨議ニテ一決シタル由」と伝えている。[116]かくして銃器は失われ、古勤皇党と連携した決起論はこの後もくすぶるものの、まもなく立志社の一斉検挙が開始されて、挙兵の夢は挫折するにいたった。

八、その後の民権運動の展開と板垣逮捕説

板垣退助が構想していた長期的な民権論高揚の取り組みとしての新聞、演説、そして教育は、建白書が提出された六月以降、本格的に展開されていった。植木枝盛の日記によると、三月、四月、五月と月一回ずつ開かれていた演説会は、六月七日以降頻繁に開催されるようになり、「聴客甚だ夥しく

居内に入るもの二千人斗、不能入返者亦た二千人斗」（六月二十三日条）といった活況を呈した。二十一日には植木を中心に「演説会の会則」も作成されている。[117] 七月に入ると演説会はさらに盛り上がりをみせ、『大坂日報』は、「演説会は頗る盛にして、毎土曜日の夜市中の演劇場或は寄せ席にて之を講するに、聴衆充満せざるなく、士族と云はず、農商老幼男女を論せず、競ふて相い集り」（七月二十二日付）[118] などと、その様子を伝えている。

立志学舎では英語、西洋史、西洋政治思想などが講じられ、学生たちは政談演説や立志社の機関紙への投稿を通して、その学習成果を発表していった。その演説の情景を『郵便報知新聞』は、「演説者は立志学舎の生徒や、同社員や、又社外有志の輩等申合せて之をなせり、其演説の趣意は専ら教育のことゝなり、究理のことゝなり、政府の職務なり、人民の権利なり」（七月二十六日付）と報じている。[119]「教育」と「言論」は相和して発展し、「立志学舎の英学教育を色濃く特色付けていたものは、教師と生徒との間の自由民権運動に対する旺盛な意欲であった」とさえいわれる状況が現出され、実際にその学窓からは坂本直寛（南海男）、大石正巳、西原清東、江口三省などの民権家が輩出されていくこととなる。[120]

こうした言論活動の中心にあったのが、植木枝盛である。板垣が離京する際に誘われて、二月十九日に高知に着いた植木は、さっそく片岡と面会、三月九日には「雑誌編纂の議」について立志社で議論し、同月十六日に立志社に入社した。その雑誌として『海南新誌』と『土陽雑誌』が創刊されるのは八月二十五日だが、その趣旨とするところは各創刊「緒言」にあらわれている。すなわち『海南新誌』は、「国家ノ政体政法ヲ論シ人民ノ権利自由ヲ論シ其他若クハ汎ク真理ヲ論シ若クハ特ニ其時勢ヲ論シ聊国家ニ尽ス所アラント欲ス」（傍点原文）と発刊趣旨を述べ、さらに「民権大ニ興リ自主茲ニ長シ天下ノ人称シテ自由ハ土佐ノ山間ヨリ発シタリト云フコトアルニ至レハ吾党ノ雑誌モ亦始テ空シカラサルニ帰スルト為ンノミ」との有名な一句をもって締めくくっており、[121] 一方『土陽雑誌』は、「世人」はこの雑誌刊行をもって「過激ノ議論」「強硬ノ腕力」（傍点原文）を発揮するものとみるであろうが、我らは「激其激ヲ激トセス強其強ヲ強トセス理義ノアル処ヲ精思」（傍点原文）するのだと宣言している。[122] 以後、両誌は西郷の挙兵を民権思想を欠いた暴挙として批判し、高知県内の強硬派に対してもその方針を改めるよう諭しながら、立憲政体の樹立を主張していく。[123] それは立志社の態度をよくあらわしている。植木はこれらの誌面を通じて、激しい政府批判や参政権獲得、言論自由の主張を展開し、「当時に在りて民権自由の議論を該土佐の国一般の社会へ感染せしめたるものは、実に這の海南新誌、土陽雑誌両雑誌にてあるべし」[124] と自負した。『板垣退助君傳記』は、板垣が林等の挙兵論を黙認していたのは、激昂する士気を挫折させれば「後害の甚だしき」にいたると判断したためで、言論機関を設けて「鬱勃たる士気を漏らさしめた」という。[125] 板垣の態度からみて、ありうる説であろう。あわせて、植木は民権思想を盛り込んだ「民権かぞへ歌」などの民権俗謡を作詞してはやらせ、その浸透をねらったことが知られている。[126] 板垣が二月に帰郷する際に植木を誘った段階で、どの程度これらの活動が想定されていたのかは、わからない。ただ帰郷してすぐに片岡を訪ね、また雑誌編纂の議に参加していることからして、二月の段階で彼が語った「民権ヲ主張」する役割を託されていたとみてまちがいあるまい。その方向性は、挙兵路線の挫折を経て、本格的に展開されていくことになった。[127]

植木は、民会活動にも尽力している。植木は、すでに明治七年段階から地方民会開設運動に積極的に関与していたが、明治十年九月から再び小区の民会に出席しはじめ、十一月にはこの年に設置されたばかりの大区会の議員にも選出された。日記の十月十六日条に「県会を設立せんとするの廻状を書す」[128]とあるように、植木は県会設立にも動きはじめたが、すでにこの段階で板垣らと「土佐州会」の設立を検討しており、結局、翌年八月にはこの州会が設立された。植木は自叙伝において、「代議政体を行わんとするには、極めて人民において自治の気象を養い自治の風習に馴わざるべからず」として、「町村民会」の設立も「代議政体を促し」、かつ「代議政体」実現の時に備えるためだと記しているが[129]、これと共鳴するように、土佐州会の開場式で板垣も「土佐一州議会ノ起リシハ、茲ニ一国議会ノ端緒ヲ開キシ者」だと祝辞を述べている[130]。

かくして、その後の民権運動の基本路線が戦時下において形成される中で、林有造、大江卓をはじめとする立志社挙兵派の捕縛が実施され、片岡健吉もその対象となった。果たして板垣も拘引すべきかどうか、政府内では議論がわかれている。佐佐木高行に立志社の情勢を報知していた中村弘毅は七月二十八日付の佐佐木宛書簡で、板垣を拘引すれば「同社は骨なしニ可成と存候」としながらも、一時的に「多少動揺」が発生し、「如何様の患害を醸すべき哉も難計」と警戒を呼びかけた[131]。同日、佐佐木は岩倉宛書簡において、「立志社は板垣巨魁なれば何をしても政府よりは手を附けずと心得居候者夥多有之候」と記し、それは政府が板垣を功臣扱いして「我儘を御見捨て」ているためであり、今後は板垣も「全国人と同様に御取扱有之様運はゞ人心も方向一定」すると要請した[132]。板垣の逮捕に踏み切って立志社を壊滅に追い込み、人心の安定を目指すのか、動揺を恐れて放置するのか。もっとも、関係者の取調べの結果からも、板垣の挙兵計画への加担を裏付ける証拠は見出せなかったようであり、それも政府にとっては頭痛の種であった[133]。

結局、板垣退助は拘束を免れた。そこには、動揺を恐れる政治的判断が存していた可能性もあるが、明確な関与の証拠が残らなかったことにもよっている。それは、松岡氏が指摘するように、「板垣が言論闘争としての民権運動に向かって一貫していた[134]」、あるいは「板垣の認識によれば、挙兵に名分が無いだけでなく、挙兵が成功するという展望が無く、さらに仮に成功するとしてもその後の展望は無かった[135]」ためであろうか。むしろ、多様な選択肢を用意して挙兵にも関心をみせながら、慎重に条件を設定して情勢を観察し、挙兵が成功する可能性が消えたときすばやく舵を切った「臨機応変」の態度のゆえといえよう。挙兵の条件が整わなかったがゆえに挙兵に踏み込むこともなく、証拠ものこらなかった。かかる態度を老練ということもできるだろうし、挙兵派が難じたように「因情」、すなわち感情に左右される節操の欠如や、機をみるに敏な姿勢ともいえるだろうが、いずれにせよ、一度舵を切ったあとの板垣はゆるがなかった。

六月一日に板垣が語った言葉として『東京曙新聞』（明治十年六月二十日付）が伝えたところでは、彼は「今回の挙たるや大義を失ひ名分を誤り実に賊中の賊なる者にして前の江藤前原が輩より数等の下級に位せり」と断じ、「僅に自己の私憤を発洩せんとして人を損じ財を費し而して逆賊の臭名を万戴に流すとは吁何の心ぞや」と嘆いて見せた[136]。八月三日、「西郷氏ノ軍敗レハ、今後ノ方向如何」と問われた板垣は、「腕力ヲ以テ大政府ニ抗スル無益ナリ」として、「正道ヲ以テ民権ヲ主張」すると語り、また八月十七日に片岡が拘束されたときには、腕力をもって取り返そうという立志社員に対して、腕力はかえって片岡を不利にすると反対し、「先ヅ我ガ立志ノ民権ヲ一町ヨリ一区ニ及シ、一区ヨリ一県ニ及シ、各県全国ニ及シ、衆力一致ノ上、大政府ニ向テ為ス所アルニ如カス」と述べて「一社其議ニ服シテ一決セリ」とも伝えられている。(137) 陸軍の北村は板垣に面会し、「無名の兵」を起こせば自分が先頭に立って討伐するとプレッシャーをかけているが、これに対しても板垣は「民権論」と「建白」について論じて挙兵論を否定した。北村は表面的な発言にすぎないととらえ、裏では社員を煽動して事を謀っているにちがいないと報告しており、さらに林有造が逮捕されると、陸軍内では出兵論まで持ち出されるが、板垣の姿勢は変わらなかった。こうした方針が、立志社の言論活動や民会活動を支えていたことは、いうまでもない。(138)

かくして、板垣は挙兵論を放棄し、自主独立の人民の気風を育てるべく、新聞発行、建白提出、演説開催、教育再興を説き、それは民権運動の基本路線を形成していった。稲田雅洋氏は、従来、大阪会議と愛国社再興にはさまれた明治九年・一〇年が民権運動の停滞期とされていたことに対し、当該期に新聞人がはげしい政府批判を展開し、また演説も急速に普及していったとして、この時期の重要性を強調している。(139) 立志社にとってもこの時期は、新聞や演説の重要性がつよく認識され、その具体的展開がなされた期間となった。立志社がかかる方針を採ったことは、愛国社再興を目指す全国遊説が展開されたこともあり、(140) 言論の重要性を広く認知させる役割を果たしたものと思われる。ともあれ、かかる方針の設定が「一貫」した言論闘争の結果というより、「臨機応変」の政治的判断のなかから生まれたことは、板垣の政治姿勢をみるうえで見逃されてはなるまい。一方政府にとっては、西南戦争の結果、戊辰戦争の軍事的英雄である板垣は政府に対する軍事的脅威ではなくなり、板垣らは別の運動のあり方を模索しなければならなくなった。[141]「臨機応変」の結果選択した言論がこれであったわけである。

九、むすび——反逆の思想——

一方、「臨機応変」の態度を支えた思想的基盤が継承されていったことも、注意されるべきであろう。

西南戦争での敗北によって武力路線が挫折し、言論路線に転換したというのは、現象の記述として正しい。民権家にとっても、もはや、後者のほかに政府に対抗する現実的手段は残されていなかった。ただ、抵抗権思想をもってこの事態に対処した立志社にとっては、二段階論において第二段階の武力が挫折し、第一段階の言論に回帰したにすぎず、その思想的枠組み自体はその後も立志社・自由党の系譜に一貫して継承されていった。明治十年代において、植木、馬場辰猪、坂本、栗原亮一などから末端の運動家に到るまで、この思想が広く浸透していたことは、すでに家永三郎氏が詳しく紹介している。[142]

植木は西南戦争直後の明治十年十二月三十付の手稿「無天雑録」に「政府暴虐ヲ極メ毫モ人言ヲ居レザレバ之ヲ顚覆スルモ可也」[143]と記し、例としてアメリカの独立戦争を挙げていた。立志社での演説でも、政府の圧政が極限に達した場合の武力行使の正当性が多くの論者によって説かれ、明治十四年九月頃完成した立志社の憲法案「日本憲法見込案」にも抵抗権が盛り込まれた。[144]もちろん、これを実践の論理として用いるかどうかについては解釈の違いがあったけれども、武力に訴える理論自体は保存されたのであり、武力もやむなしとする状況と解釈が生じれば、実施される可能性も残されたのである。実際、自由党激化事件は、この思想の具体的実践にほかならなかった。[145] 加波山事件の中心人物・富松正安は公判において、平穏な手段では政治を改良することが絶望的となったため腕力に訴えたと主張し、[146] 飯田事件の中心人物・村松愛蔵は名古屋軽罪裁判所での訊問において「改革ヲ言論ニ訴ヘ言論行ハサレハ之ヲ兵力ニ訴ヘンコトヲ計画シ」[147] たと述べ、法廷では「自分は何故に被告となりたるや を解せず」[148] とさえ発言している。自由党激化事件に際し、自由党は「有一館」という練武場を開設し、腕力養成の必要性を訴えたが、松沢裕作氏は、「板垣がこの時期に至るまで一種の軍事的英雄であったことがよく表れているだろう」と述べ、武力によってでも新しい秩序を創出することが自由党の存在意義そのものであり、ゆえに武力路線を押さえることができなかったと指摘している。[149] 板垣が軍事的英雄であり、その「軍事」が二段階抵抗論によって理論武装されたことが、自由党の「有一館」設置につながったとみるべきであろう。

その意味で、運動史的はたしかな転換点となった西南戦争も、少なくとも立志社系の民権家にとって、思想史的には転換点ではなかった、といえよう。従来、西南戦争における「転換」に注目するあまり、戦前の急進的民権論と戦後の立志社の言論の展開を「不連続」とし、戦後の抵抗権思想を「例外的」とみるきらいがあったが、[150] かかる二段階論と連続性に着目することで、民権運動の流れは、より捉えやすくなるのではないか。

ともあれ、明治十一年段階での板垣の視線は言論や民会へと向けられており、それを高く評価している人物がいた。福沢諭吉である。

註

（1）たとえば、ルソーの民約論に強い影響を受け、すでに民権運動家として活動していた宮崎八郎は、「西郷に依らざれば政府を打倒するの道なく、まず西郷の力をかって政府を壊崩し、しかる上第二に西郷と主義の戦争をなすの外なし」（「松山守善自叙伝」『日本人の自伝　2』平凡社、昭和五十七年、所収、四三三頁）と語り、実際に協同隊幹部として薩軍に加わって戦死している。

（2）立志社の挙兵計画については、平尾道雄『立志社と民権運動』（高知市民図書館、昭和三十年）、同『自由民権の系譜―土佐派の場合―』（高知市民図書館、昭和四十五年）、福地惇「立志社の挙兵計画について」（『日本歴史』五三一号、平成三年八月）、外崎光広「板垣退助と西南戦争」（『自由民権記念館紀要』四号、平成七年三月）、同『土佐自由民権運動史』（高知市文化振興事業団、平成四年）、同『土佐の自由民権』（高知市民図書館、昭和五十九年）、萩原延寿『陸奥宗光』下巻（朝日新聞社、平成九年）、など、参照。

（3）ただ、薩軍が民権論に賛同するかどうかは別問題であり、むしろ彼らが「守旧派」であるという点から、その反乱を懸念し、警戒する立場もあった（遠山茂樹『自由民権と現代』筑摩書房、昭和六十年、六〇―六二頁）。筆者が本書第四章・第六章などで検討する鹿児島の民権家の立場もこれであり、内乱勃発は「独立」を脅かし、私学校徒の蜂起は「自由同等論」や「民権論」を阻害するとして開戦阻止を企てた彼等は、私学校徒を説得し、民会を開設して不満を吸収し、学校を創設して新知識を習得させ、また宗教を自由化して権利義務の概念を伝えようとした。詳しくは、本書第四章・第六章、拙稿「西南戦争と宗教―真宗と神社の動向を中心に―」（『日本歴史』六八二号、平成十七年三月）、参照。

（4）安丸良夫「民衆運動における「近代」」（加藤周一他編『日本近代思想大系二一（民衆運動）』岩波書店、平成元年、所収）、四五三―四五四頁。

（5）板垣退助監修『自由党史』上巻（岩波文庫、昭和三十二年復刻）、二一四頁。

（6）黒龍会編『西南記伝』下巻一（原書房、昭和四十四年復刻）、二四一―二四二頁。

（7）前掲「立志社の挙兵計画について」、前掲「板垣退助と西南戦争」、参照。

（8）松岡僖一「「佐々木高行日記」（一八七七年）を読む」（『高知大学教育学部研究報告』六二号、平成十四年三月）、同「『林有造自歴談』を読む―土佐挙兵計画について―」（『高知大学教育学部研究報告』六三号、平成十五年三月）。同氏は立志社挙兵計画をめぐる新聞報道についても、詳しく検討している（同「一八七七（明治十）年土佐に関する新聞報道―一名立志社論・板垣論―」『高知大学教育学部研究報告』六四号、平成十六年三月）。

（9）前掲「民衆運動における「近代」」、稲田雅洋「自由民権運動」（朝尾直弘他編『岩波講座　日本通史』第一七巻・近代2、岩波書店、平成五年、所収）、同『自由民権の文化史―新しい政治文化の誕生―』（筑摩書房、平成十二年）、など、参照。

(10)「報告書」(東京大学史料編纂所編『保古飛呂比　佐佐木高行日記』第七巻、東京大学出版会、昭和五十年、明治十年八月三十一日条)、三四八—三四九頁。
(11)前掲「報告書」、三四八—三四九頁。
(12)高知地方史研究会編『土佐群書集成　第十五巻　林有造自暦談』下(高知市民図書館、昭和四十三年)、二頁。
(13)前掲「報告書」、三四九—三五〇頁。
(14)前掲「報告書」、三四九頁。
(15)宇田友猪著／公文豪校訂『板垣退助君傳記』第二巻(原書房、平成二十一年)、六一八—六一九頁。
(16)雑賀博愛『大江天也伝記—伝記・大江天也—』(大空社、昭和六十二年復刻)、四一五頁。
(17)「立志社探索密書」(「岩倉具視関係文書」国会図書館憲政資料室蔵)。
(18)前掲「立志社探索密書」。
(19)前掲『土佐群書集成　第十五巻　林有造自暦談』下、二—三頁。
(20)「岩倉具視関係文書」国会図書館憲政資料室蔵。なお、前掲『大江天也伝記—伝記・大江天也—』には、陸奥宗光邸に板垣、後藤、林、大江、岩神昴らが集合し、京で後藤が木戸を説得して鹿児島征討の勅命を出させ、「土佐の同士を翕合して実際の軍隊を組織するには板垣自ら之に当り」、ひそかに両者気脈を通じて時機が来るのを待って挙兵すると述べたとあるが、これも、「臨機応変」の可能性、あるいは選択肢のひとつとして語られたものであろう(四一五—四一六頁)。
(21)日本史籍協会編『大久保利通文書』第七巻(マツノ書房、平成十七年)、五〇八頁。
(22)前掲「報告書」、三五〇—三五一頁。
(23)前掲『土佐群書集成　第十五巻　林有造自暦談』下、二頁。
(24)「高知県下立志社総代中村貫一願所有ノ山林買上ノ儀伺」(「公文録」国立公文書館蔵、明治十年・第六十七巻・明治十年二月・大蔵省)。
(25)「林有造口供」明治十一年六月一日(前掲「公文録」明治十一年・第一一三巻・明治十一年八月・司法省附録一)。
(26)前掲『土佐群書集成　第十五巻　林有造自暦談』下(四頁)によると、林とともに離京した後藤は、帰郷に際して岩崎弥之助と林直庸に後事を託したという。林直庸は政府密偵の疑いが濃く、あるいはこの筋から漏れたのかもしれない(前掲『西南記伝』下巻一、三三九頁以下、参照)。
(27)前掲『土佐群書集成　第十五巻　林有造自暦談』下、四頁。
(28)前掲『土佐群書集成　第十五巻　林有造自暦談』下、五頁。
(29)前掲『土佐群書集成　第十五巻　林有造自暦談』下、六頁。

(30) 妻木忠太編『木戸孝允日記』第三（日本史籍協会、昭和八年）、五一二頁、明治十年二月十七日条。
(31) 前掲『陸奥宗光』下巻、四七―四八頁。木戸は後藤の入閣に賛意を示したものの、この計画は、早期の征討令発令と熊本城開通による戦局の転換（四月十四日）によって大久保の優位がゆるぎないものとなり、木戸が病没（五月二十六日）したことで挫折、後藤は計画から身を引くことになる（前掲『大江天也伝記―伝記・大江天也―』、四五七―四六〇頁）。
(32) 前掲『土佐群書集成　第十五巻　林有造自暦談』下、六頁。
(33) 「林有造口供」明治十一年六月五日（前掲「公文録」明治十一年・一一三巻・明治十一年八月・司法省附録一）。
(34) 前掲『土佐群書集成　第十五巻　林有造自暦談』下、七―八頁。
(35) 植木枝盛はその自叙伝において、板垣が帰郷するに際し「氏（植木――引用者）も之に誘はれて乃ち板垣氏と同じく帰郷の路に就きし」と述べている（「植木枝盛自叙伝」家永三郎他編『植木枝盛集』第一〇巻、岩波書店、平成三年、二六頁）。
(36) 前掲『土佐群書集成　第十五巻　林有造自暦談』下、八頁。
(37) 前掲『大江天也伝記―伝記・大江天也―』、四一七頁。
(38) 「大江卓口供」明治十一年四月十九日（前掲「公文録」明治十一年・第一一三巻・明治十一年八月・司法省附録一）。
(39) 「大江卓口供」明治十一年四月二十九日（前掲「公文録」明治十一年・第一一三巻・明治十一年八月・司法省附録一）。
(40) 前掲「大江卓口供」明治十一年四月二十九日。
(41) 丸山眞男「忠誠と反逆」（丸山眞男『丸山眞男集』第八巻、岩波書店、平成八年）、一八二―二一八頁、植手通有「解説」（植手通有編著『明治草創―啓蒙と反乱―』社会評論社、平成二年）、三一四頁。
(42) この翻訳については、小笠原幹夫「箕作麟祥の仏学―「国政転変ノ論」を中心に―」（『作陽音楽大学・短期大学研究紀要』二六巻二号、平成六年）などの先行研究があるが、原典は未だ不明である。
(43) 箕作麟祥翻訳「国政転変ノ論」（大久保利謙編『明治啓蒙思想集　明治文学全集　三』筑摩書房、昭和四十二年、所収）、二七七―二七八頁。
(44) 「前編輯長関新吾君カ箕作麟祥君カ国政転変論ノ評ニ付大阪裁判所ニ於テ推問答弁ノ話」（『評論新聞』第八四号、明治九年四月）。
(45) 伊東孝二「圧制政府転覆すべきの論」『評論新聞』（六二号、明治九年一月）。
(46) 「新聞紙若クハ雑誌雑報ニ於テ人ヲ教唆シテ罪ヲ犯サシメタル者ハ犯ス者ト同罪、其教唆ニ止マル者ハ禁獄五日以上三年以下罰金十円以上五百円以下ヲ科ス」。
(47) 家永三郎『植木枝盛研究』（岩波書店、平成十年）、九六―一〇一頁、井田輝敏「明治前期の抵抗権思想―福澤諭吉と植木枝盛を中心として―」（『北九州大学法政論集』一〇巻一・二合併号、昭和五十七年十一月）、三七―四八頁。植木は明治

九年五月頃から『評論新聞』の発行元「集思社」に頻繁に出入りし、記者たちと交流を重ねた（家永三郎他編『植木枝盛集』第七巻・日記1、岩波書店、平成二年、九〇―一〇〇頁）。
(48) 前掲『佐佐木高行日記』第七巻、三七―三八頁。
(49) 「高知県士族島本仲道外一名警視署へ拘留伺」（前掲「公文録」明治十年・第二十八巻・明治十年三月・内務省伺（四））。
(50) 前掲『大江天也伝記―伝記・大江天也―』、四四二―四四七頁。
(51) 前掲「報告書」、三六二頁。
(52) 前掲「林有造口供」明治十一年六月一日。
(53) 前掲『大江天也伝記―伝記・大江天也―』、四四七頁。
(54) 「岩倉具視関係文書」（国会図書館憲政資料室蔵）。
(55) 前掲「報告書」、三五二―三五三頁。
(56) 前掲『土佐群書集成　第十五巻　林有造自暦談』下、九頁。
(57) 松岡氏は、片岡等の間で固まっていた挙兵計画に板垣は反対できなかったとしている（前掲『林有造自暦談』を読む―土佐挙兵計画について―」、九頁）が、すでに板垣は実際に「許諾」したか、少なくとも林に「許諾」したという印象をあたえていたわけであり、反対する意思があったかどうかは疑わしい。本文で後述するように、この挙兵計画も実施にあたってはいくつもの条件が付されていた。
(58) 前掲「報告書」、三五四―三五五頁。
(59) 広瀬為興『明治十年西南ノ戦役土佐挙兵計画』（高知市民図書館、昭和四十七年）、二三―二四頁。
(60) 前掲「報告書」、三五四頁。
(61) 前掲『陸奥宗光』下巻、六〇―六一頁。
(62) 前掲『明治十年西南ノ戦役土佐挙兵計画』、二〇―二三頁。
(63) 「西原清東実話」（前掲『西南記伝』下巻一）、二四四頁。
(64) 前掲『立志社と民権運動』、七二頁。
(65) 前掲『大江天也伝記―伝記・大江天也―』、四二六頁、前掲『土佐群書集成　第十五巻　林有造自暦談』下、一〇頁。
(66) 前掲「報告書」、三五六―三五七頁。
(67) 前掲『土佐群書集成　第十五巻　林有造自暦談』下、一一頁。
(68) 前掲『土佐群書集成　第十五巻　林有造自暦談』下、一二―一三頁。
(69) 前掲『土佐群書集成　第十五巻　林有造自暦談』下、一四―一七頁。

(70) 日本史籍協会編『大久保利通文書』第八巻（マツノ書店、平成十七年）、一〇一頁。
(71) 「岩倉具視関係文書」（国会図書館憲政資料室蔵）。
(72) 暗殺については、大江と岩神が中心となって企画したようで、前掲『大江天也伝記―伝記・大江天也―』は「林有造は挙兵の首魁であつて、大江は大臣暗殺の首謀者に為つた」と伝えている（四三〇頁）。三月中旬に岩神は「有造ト深ク談ジ、是非土佐ノ名物暗殺ヲ致サズテハ事成就スル事難シ、是早業ナリト」述べ、岩神指揮のもと、中津士族・川村矯一郎などを刺客にあて、大久保、伊藤、鳥尾小弥太（陸軍中将、参謀部長）を暗殺しよう企てたという（前掲「報告書」、三五五頁）。以後、この川村が暗殺計画の中心人物となり、停滞する挙兵計画を横目に暴発の気配を示し続け、林や大江を焦慮させることになる（前掲「大江卓口供」明治十一年四月二十九日、「岩神昂口供」明治十一年四月二十三日、前掲「公文録」明治十一年・第一一三巻・明治十一年八月・司法省附録一）。ただ大江の談によると、「川村矯一郎も始めから探偵であるらしかつた」という（前掲『大江天也伝記―伝記・大江天也―』、四七〇頁）。
(73) 中瀬寿一「大阪における〝弁護士民権〟の先駆　島本仲道」（『大阪春秋』三三号、昭和五十七年八月）、一一九―一二一頁。
(74) 「島本仲道口供」（「岩倉具視関係文書」内閣文庫蔵、所収）。
(75) 「華族鷲尾隆聚鹿児島県ニ赴ン事ヲ請フ」（「太政類典」国立公文書館蔵、雑部・明治十年～明治十四年・第十一巻・鹿児島征討始末一一）。
(76) 前掲「島本仲道口供」。
(77) 前掲「華族鷲尾隆聚鹿児島県ニ赴ン事ヲ請フ」。
(78) 前掲「華族鷲尾隆聚鹿児島県ニ赴ン事ヲ請フ」、「高知県士族島本仲道外一名警視署へ拘留伺」（前掲「公文録」明治十年・第二十八巻・明治十年三月・内務省伺（四））。
(79) 「岩倉具視関係文書」（国会図書館憲政資料室蔵）。
(80) 前掲「華族鷲尾隆聚鹿児島県ニ赴ン事ヲ請フ」。
(81) 大阪弁護士会『大阪弁護士史稿（上）』（大阪弁護士会、昭和十二年）、六一九頁。
(82) 前掲『西南記伝』下巻一、二三八頁。
(83) 前掲『土佐群書集成　第十五巻　林有造自暦談』下、一七―一八頁。
(84) 前掲『大江天也伝記―伝記・大江天也―』、四二九頁。
(85) 「岩倉具視関係文書」（国会図書館憲政資料室蔵）。
(86) 前掲『明治十年西南ノ戦役土佐挙兵計画』、三〇頁。

(87) 前掲「大江卓口供」明治十一年四月二十九日。
(88) 前掲「大江卓口供」明治十一年四月二十九日。
(89) 「岩倉具視関係文書」(国会図書館憲政資料室蔵)。
(90) 日本史籍協会編『岩倉具視関係文書』第七(東京大学出版会、昭和四十四年)、四六―四七頁。
(91) 「岩倉具視関係文書」(国会図書館憲政資料室蔵)。
(92) 「岩倉具視関係文書」(国会図書館憲政資料室蔵)。
(93) 前掲『大久保利通文書』第八巻、二〇六―二〇七頁。
(94) 「岩倉具視関係文書」(国会図書館憲政資料室蔵)。
(95) 前掲『大久保利通文書』第八巻、二二九頁。
(96) 「警視隊四国出張日誌」(東京大学史料編纂所蔵)、参照。
(97) 前掲「太政類典」雑部・鹿児島征討始末一〇。
(98) 前掲「太政類典」雑部・鹿児島征討始末一〇。
(99) 前掲「「佐々木高行日記」(一八七七年)を読む」、七頁、前掲「『林有造自暦談』を読む―土佐挙兵計画について―」、二〇頁。
(100) 「岩倉具視関係文書」(国会図書館憲政資料室蔵)。
(101) 前掲「太政類典」雑部・鹿児島征討始末一〇。
(102) 前掲『自由党史』上巻、一四〇―一四一頁。
(103) 「弘田伸武口供」明治十年十月十八日(前掲「公文録」明治十一年・第一一五巻・明治十一年八月・司法省附録三)。教師交代の詳細については、寺崎修「立志学舎と慶應義塾」(『法学研究』六八巻一号、平成七年一月)、参照。
(104) 前掲「大江卓口供」明治十一年四月十九日。
(105) 前掲「大江卓口供」明治十一年四月二十九日。
(106) 「弘田伸武口供」明治十年十月二十六日(前掲「公文録」明治十一年・第一一五巻・明治十一年八月・司法省附録三)。
(107) 前掲『土佐群書集成　第十五巻　林有造自歴談』下、一六頁。これに対し林は、「銃器ノ調フヲ待チ直チニ兵ヲ挙ントス予ハ一日モ速ナランコトニ汲々タリ今ニ当リ暫ク見合セ又明日着手セヨトハ何ノ言ソヤ」と拒否し、弘田も「同意」して尽力するよう述べたという(同前)。
(108) 川田瑞穂『片岡健吉先生伝』(湖北社、昭和五十三年)、三二七頁。
(109) 「岩倉具視関係文書」(内閣文庫蔵)。
(110) 前掲「報告書」、三六六頁。政府側は民権論の拡大を警戒しており、岩倉は五月二十日付の三条宛書簡において、「高知県民権論押出し候節ハ阿州自助社加州忠告社必ラス雷同相違無之旨探偵御座候」と伝えている（「岩倉具視関係文書」国会図書館憲政資料室蔵）。板垣が期待したのもこうした気配であったのだろう。

(111) 前掲『植木枝盛研究』、一二五頁以下、参照。

(112) 片岡は建白書却下後、立志社に宛てて書簡を送り、岩倉はその写しを入手している（六月十九日付岩倉・三条宛書簡、前掲『岩倉具視関係文書』第七、七四頁）。従来その「内容は不明」とされていた（前掲「佐々木高行日記を読む」、一五頁）が、「岩倉具視関係文書」（国会図書館憲政資料室蔵）所収の六月十二日付「探索書」（提出者は桜井帍太郎）に、同日付で片岡が立志社に出したこの書簡の表書きと内容が写し取られており、内容が判明する。そこには、この日行在所に呼び出された片岡が、書記官から「建言ハ不都合ノ廉モ有之ヲ以テ差返」された経緯が詳しく記され、「近日帰県ノ上万縷可申述候」と記されており、挙兵計画については触れられていない。その意味で、この書簡には建白書却下の顛末報告があり、挙兵計画に連動したことはなかったとする松岡氏の推量（前掲「「佐々木高行日記」（一八七七年）を読む」、一五頁）は正しい。

(113) 尚友倶楽部山県有朋関係文書編纂委員会編『山県有朋関係文書（尚友叢書一三―一）』（尚友倶楽部、平成十七年）、一〇一頁。

(114) 前掲『大久保利通文書』第八巻、二四一頁。

(115) 前掲『土佐群書集成　第十五巻　林有造自暦談』下、三〇―三一頁。

(116)「西南事変ニ於ケル立志社動静報告書」（早稲田大学社会科学研究所編『大隈文書』第一巻、早稲田大学社会科学研究所、昭和三十三年）、一三三頁。もっとも前掲「報告書」は、押収の際に「立志社ノ壮士輩少シハ東西ニ奔走シ談合セシ事アレ共、別ニ沸騰セシ程ノ事ナシ」と、抵抗はほとんどなかったとしており、実際の立志社側の反応はよくわからない（三六六―三六七頁）。ここでは「板垣ハ慍セシ也」とあるが、一種のパフォーマンスだったのだろうか。なお在地の立志社幹部には挙兵計画がなかったとする外崎氏は、北村による武器弾薬押収を立志社員が「傍観していたのは全く武装蜂起の計画のなかったことを物語っている」（前掲『土佐自由民権運動史』、九二頁）としているが、これはすでに挙兵計画が挫折し、板垣が明確に言論路線に舵を切ったあとのことであることに、注意しなければなるまい。松岡氏がいうように、「もはや挙兵は実行不可能な計画になっていたことを、かれら自身知っていたからかもしれない」と考えるのが妥当であろう（前掲『林有造自暦談』を読む―土佐挙兵計画について―」、一二五頁）。

(117) 前掲『植木枝盛集』第七巻・日記1、一二四―一二五頁、前掲「「佐々木高行日記」（一八七七年）を読む」、一七頁。稲田氏は、高知において演説会が全国的に相当早く実施された背景として、立志社の存在と植木などの経験者の努力とを挙げている（前掲『自由民権の文化史―新しい政治文化の誕生―』、二五一頁）が、本文の通り、戦局の転換後に「独立ノ気風ヲ養成セント」した板垣の意志も強くはたらいていたことにも注意しておきたい。

(118)『大坂日報』明治十年七月二十二日付。

(119)『郵便報知新聞』明治十年七月二十六日付。

(120) 前掲「一八七七（明治十）年土佐に関する新聞報道―一名立志社論・板垣論―」、一七頁。山下重一「自由民権運動と英学―土佐立志学舎と三春正道館―」（『英学史研究』二五号、平成三年）、六四―六八頁。立志学舎についてはこのほかに、山下重一「高知の自由民権運動と英学」（山本大編『高知の研究・5・近代篇』清文堂、昭和五十七年、所収）、千葉昌弘『土佐の自由民権運動と教育』（土佐出版社、昭和六十二年）、同『近代日本地域民衆教育成立過程の研究』（梓出版社、平成八年）、同「坂本直寛（南海男）における自由民権思想の形成―立志学舎における政治教育―」（『高知大学教育学部研究報告』第一部四三号、平成三年）、同「西原清東における自由民権思想の形成と学習・教育活動―立志学舎・出間勤学会・三春正道館等での学習と教育活動を中心として―」（『高知大学教育学部研究報告』第一部五三号、平成九年）、影山昇「明治初年の土佐派自由民権結社「立志社」と「立志学舎」の教育」（『愛媛大学教育学部紀要』第一部教育科学・一八巻一号、昭和四十七年三月）、および前掲「立志学舎と慶應義塾」、など、参照。

(121) 家永三郎他解説・解題『海南新誌・土陽雑誌・土陽新聞』（弘隆社、昭和五十八年）、六頁。

(122) 前掲『海南新誌・土陽雑誌・土陽新聞』、九三頁。

(123) 小畑隆資「自由民権運動における土佐の諸相―『土陽雑誌』（明治一〇年）に見る土佐民権の特質と意義―」（土佐自由民権研究会編『自由は土佐の山間より』三省堂、平成元年、所収）、五九―七八頁、同「『土陽雑誌』考」（『岡山大学法学会雑誌』三二巻二号、昭和五十七年一一月）、一―二三頁、参照。

(124) 前掲「植木枝盛自叙伝」、二六頁。

(125) 前掲『板垣退助君傳記』第二巻、六二七頁。

(126) 前掲『植木枝盛研究』、一二五―一四三頁。

(127) 高知県内の演説会・新聞報道の展開については、松岡僖一「メディアと自由民権」（新井勝紘編『自由民権と近代社会』吉川弘文館、平成十六年、所収）、二〇二―二一〇頁、前掲「一八七七（明治十）年土佐に関する新聞報道」、七六―七九頁、参照。

(128) 前掲『植木枝盛集』第七巻・日記1、一三四頁。

(129) 家永三郎編『植木枝盛選集』（岩波文庫、昭和四十九年）、二一一頁。

(130) 前掲『植木枝盛研究』、一四三―一四五頁。当時高知県は、土佐と阿波の二州からなっていた。高知の民会について詳しくは、外崎光広『土佐自由民権運動史』（高知市文化振興事業団、平成三年）、一四一―一五七頁、参照。

(131) 前掲『保古飛呂比　佐佐木高行日記』第七巻、三〇九頁。
(132) 前掲『岩倉具視関係文書』第七、八一頁。
(133) 前掲「「佐々木高行日記」（一八七七年）を読む」、二九―三〇頁。板垣自身も逮捕を恐れているのではないかという見方も、流布していたようである。たとえば明治十年七月十七日、カンバラ・セイジなる南部藩出身者が英国公使館のアーネスト・サトウを訪れ、「徳川慶喜や、島津三郎や、板垣退助に頼み、和解のために働いてもらうというあたらしい案を出した」ところ、サトウは「板垣は逮捕を恐れて京都へ行こうとしないだろうし、またたれもが鷲尾（隆聚――引用者）と同じ運命に会うのを恐れて、この件についてあえて発言しようとしないだろうと思われる」と日記に記している（萩原延寿『西南戦争　遠い崖―アーネスト・サトウ日記抄一三―』朝日新聞社、平成十三年、一五五頁）。西郷と旧知であったサトウは鹿児島滞在中に西南戦争勃発に居合わせ、その後も東京で情報収集を続けていた。
(134) 前掲「「佐々木高行日記」（一八七七年）を読む」、三一頁。
(135) 前掲「『林有造自暦談』を読む―土佐挙兵計画について―」、三〇頁。
(136) 『東京曙新聞』（明治十年六月二十日付）。これは、「本月一日愛媛県下の或人が高知県下え立越え板垣退助君に面会の折問答のあらまし」として伝えられたものである。
(137) 前掲『保古飛呂比　佐佐木高行日記』第七巻、三三六頁。
(138) 陸軍省「密事書類」（防衛省防衛研究所戦史研究センター史料室蔵）、征討陸軍事務所「密事日記」（防衛省防衛研究所戦史研究センター史料室蔵）。
(139) 前掲『自由民権の文化史―新しい政治文化の誕生―』、二二六―二二七、三四〇頁。
(140) 内藤正中『自由民権運動の研究―国会開設運動を中心として―』（青木書店、昭和三十一年）、一二一―一二八頁。
(141) 松沢裕作『自由民権運動―〈デモクラシー〉の夢と挫折―』（岩波新書、平成二十八年）、六九頁。
(142) 前掲『植木枝盛研究』、二七九―二九〇頁。
(143) 家永三郎他編『植木枝盛集』第九巻・日記3（岩波書店、平成三年）、一〇頁。
(144) その第四十三条は、「国民ハ非法不正ニ抗スルノ権理ヲ有ス」と規定し、第四十一条では国民の兵器保有権も認めている（家永三郎他編『新編　明治前期の憲法構想』福村出版、平成十七年、四〇二頁）。
(145) 前掲『植木枝盛研究』、二九〇頁。
(146) 寺崎修「反体制野党から体制内野党へ―自由党―」（坂野潤治他編『資本主義と「自由主義」』岩波書店、平成四年、所収）、一一七―一一八頁。
(147) 寺崎修『自由民権運動の研究―急進的自由民権運動家の軌跡―』（慶應義塾大学法学研究会、平成二十年）、六七頁。

(148)『時事新報』明治十八年十月二十一日付。
(149) 前掲『自由民権運動—〈デモクラシー〉の夢と挫折—』、一八九—一九〇頁。
(150) 宮村治雄『開国経験の思想史—兆民と時代精神—』(東京大学出版会、平成八年)、二五—二七頁。

第三章　戦時下の福沢諭吉の思想
――「自治」と「抵抗」をめぐって――

一、はしがき

西南戦争に際し、福沢諭吉が「明治十年丁丑公論」を記して西郷隆盛の示した「抵抗の精神」を高く評価したこと、また征討令の発令猶予を求める建白書や、休戦と裁判による問題解決を求める建白を起草したことは、ひろく知られている。福沢は西郷の死を悼み、明治十六年（一八八三）にその銅像が建設される計画のあったときには、いまだ名誉回復されていなかった西郷をして「翁の至誠終始其心に於て恥入なきを信ず。吾輩の最も欽慕する所なり」と称え、西南戦争での敗北によってその功労を無とする議論を「天下の為めに遺憾」[1]なりとして批判し、「永く翁の偉勲を欽慕するの意を表せんが為め」、銅像建設の義捐金を募る主意書を書いた。[2]

同じくこの時期に福沢は、『分権論』[3]において中央における「政権」と地方における「治権」の分離を主張し、不平士族を「治権」の任に当てて「自治の精神」を涵養することが重要であると述べ、

「薩摩の友人某に与るの書」[4]では、「治権」を担うべき自治の資質を薩摩士族に見出して、現地での民会の設立を期待していた。こうした思想形成過程でトクヴィルの『アメリカのデモクラシー』の影響が強く働いていたことは、よく知られている。[5]その意味で、西郷の「武力」による反乱はその精神においては多とすべきであっても、その手段としては否とせざるを得ず、それが「明治十年丁丑公論」[6]における「余輩の考とは少しく趣を殊にする所あれども……其精神に至ては問然すべきものなし」という評価に反映された。福沢が理想としていたのは、不平士族が地方行政を担うことで「自治の精神」を育て、暴発を防ぐことであり、鹿児島はその舞台としてふさわしいものと位置づけられていたのである。

実際、鹿児島では戦争前後にかけて、福沢が期待した自治の拡大、民会の設立を求める運動が行われ、新聞も創刊されて民権思想が鼓舞されたが、これを担ったのは福沢門下生たちであり、福沢もこれを支援していた。今日ほとんど知られていない事例だが、福沢の思想がもたらした影響として注目されよう。

一方、この時期の福沢書簡からは、故郷の中津士族の薩軍への参加を強く懸念していたことがわかる。福沢の親類であり、慶應義塾にも学んだ増田宗太郎率いる中津隊は戦争途中から薩軍に加わり、その最期まで行動をともにすることになるが、福沢はその行動を喜ばなかった。それは「武力」による抵抗の是非のみならず、旧中津藩社会の閉鎖性を難じていた福沢にとって、決起の「精神」に関わる問題でもあったと思われる。かかる中津士族暴発への懸念は、当時の福沢の胸中に流れていたもうひとつの主題――分権と自治――といかなる関係をもっていたのだろうか。

従来、西郷の評価を軸に語られがちであった西南戦争期の福沢の思想について、本章では「自治の精神」と「抵抗の精神」を軸に再検討を加えてみたい。それは、地方民会優先論者であった福沢が、明治十二年以降、国会開設論の先導者・扇動者へと転回していく思想過程のプロローグを綴る試みにもなろう。

二、「自治の精神」

福沢諭吉が『分権論』の筆を起こしたのは、明治九年十二月二十日付の山口広江宛書簡で、「一ヶ月の労を費し、分権論と申一冊の書を認め申候」と記しているように、同年十一月下旬のことであった。十月下旬には神風連、秋月、萩と西南各地で小規模な士族反乱が続発し、鎮圧されていた。この書簡には「此書は何分条令に触るゝの恐あるに付、出版は出来不申」とあり、出版条例違反を警戒して出版を見送ったとあるが、明治十年十一月には無事に刊行をみている(7)。そしてこの間に、西南戦争が勃発し、終焉した。いわば、士族反乱のもっとも激しい時期が執筆と刊行にあてられており、福沢も、こうした不平士族の動向に関心を払い、士族の役割や現状の分析を中心に据えて、稿をすすめている。

福沢はまず、近世から維新期にかけての士族の役割を高く評価した。すなわち、徳川時代から嘉永年間まで、政治は士族だけが担い、農工商はただその指揮を受けて生活していたにすぎないとみる。「政治の一段に至ては挙て之を士族に任し、遥に下界に居て上流の挙動を仰ぎ見るのみ」。軍事と政治を担った士族が伝統とした忠義や闘死、文武の嗜みなどは、アメリカの人民が「ポリチカル・アイヂヤ」をもって報国の大義、国旗、憲法などを重んじることと、「国事に関して之を喜憂する心の元素」において同一であるという。この徳川幕府を打倒したのも士族の力であり、維新以来の「文明開化進歩改進」の諸政策も、「士族固有の気力」が変化して趣を改め、これを推進してきた[8]。

もっとも、士族も一枚岩ではない。福沢は維新後の士族を三種に大別し、第一として、維新政府を作って開化政策を進め、政府に地位を得ている者、第二として、開化に賛同しながら政府に地位を得られない者や新規事業で失敗した者を挙げ、「今日の民権家」もここに分類した。第三は、開化政策を好まず「古風旧格」を愛し、古き政治体制の保存を求める士族である。第一・第二が「改進の党」であり、第三が「守旧の党」で、この両者が対立して相互に不平を抱き、反乱が起きており、これは「国の為を謀て政党の益を得ずして唯其弊害のみを蒙るもの」だという。

福沢は士族反乱には批判的で、その成功の可能性はないと考えており、反乱士族は知力乏しく無分別で、腕力を恃む挙動は稚劣で人望も得られないと糾弾している。かつて明治七年三月刊の『学問のすゝめ』第七編において彼は、政府が「その分限を越えて暴政を行う」場合、「人民の分としてなすべき挙動」は「節を屈して政府に従うか、力をもって政府に敵対するか、正理を守りて身を棄つるか、この三箇条」であるとし、このうち第二策たる内乱は、「事の理非曲直」ではなく「力の強弱」によって勝敗が決せられる上に、歴史的にみて「人民の力は常に政府よりも弱きもの」であり、朋友の絆を絶ち、親子兄弟が敵対し、人を殺す残忍な争いの結果、結局は「一朝の妄動にてこれを倒すも、暴をもって暴に代え、愚をもって愚に代えるのみ」となるとして退けていた。福沢が「上策の上」としたのは第三策であり、「一寸の兵器を携えず片手の力を用いず、ただ正理を唱えて政府に迫ること」の重要性を指摘して、佐倉宗五郎を称賛したことは有名である。(9) こうした福沢の立場は、ここでも変わっていない。

ただ彼は、国の賊は国の病であり、その原因と結果は吟味せねばならないとしていた。反乱の遠因は、士族が国を維持してきた「忠義武勇の一元素」が失われるなか、守旧者は過去を懐かしむが得られず、改進者は未来を求めて得られず、その結果生じた対立にあるとされる。近因としては、秩禄処分による家禄の消失や徴兵令による軍役の喪失など、各種特権を失ったことで「士族の面目を失したるの一事」があった。さらに、生計を得ようと商売に手を出してもうまく行かず、官途にも就けない失業問題があり、一方で、官吏が栄耀栄華を極め、富貴な生活を専らにしていることへの不満があった。こうした富貴ぶりは、新聞、郵便、蒸気船と鉄道の発達によって、地方にもたちどころに伝達され、憤懣を掻き立てている。さらに、「兵乱の近因中に最も近くして最も有力なるもの」は「民権家の教唆」である、という。民権家と守旧家はその主義において異なるが、政府を敵とするにおいて同様であり、民権家は暗に彼等の後ろ盾になり、その反乱を間接的に教唆している。これは、当時『評論新聞』『中外評論』『草莽雑誌』などで盛んに展開されていた急進的民権論が、人民が抵抗権を保持していると主張して武力反乱を正当化し、これを煽るような論調を展開していたことへの批判であったにちがいない。(10) こうした意味で、福沢は「怨むが如く、訴るが如く」といったジャーナリズムの傾向を難じ、「今の新聞記者も亦間接に兵乱を教唆する者」だとした。

この急進的民権家と「兵乱」に傾く守旧家を「間接に変形せしむる」ため、福沢が両者の共通目標として提示したのが、地方自治であった。

福沢は「国権」を二種類に分け、第一を「政権」（「ガーウルメント」）、すなわち立法、軍事、外交、徴税、貨幣鋳造など、全国一般に及ぼす権力とし、第二を「治権」（「アドミニストレーション」）として、警察、道路・橋梁・堤防の営繕、学校・社寺・遊園を作り、衛生など地方ごとの事情に応じて実施し、地域住民の幸福をはかるものだとした。後者の地方への分権こそが重要であり、小幡篤次郎が翻訳したトクヴィル『アメリカのデモクラシー』から「中央に政権を集合して又これに治権を集合するときは、非常の勢力を生ずるや明なり」といった一節を引き、「政権は中央の政府に集合せざる可らず、治権は全国の各地に分たざる可らず、二権を併して集む可らず、又これを併して散す可らず」と強調した。中央政府が政権を執り、地方の人民が治権を執り、相互に支えあうことで「国安の維持」が決定される。そして、中央において政権の得失を議論し、治権と政権の関係を論じ、相互のバランスを維持するのが民選議院だと位置づけられていた。守旧士族に提示すべき目標はこの治権しかない、と福沢はいう。今後外国と交際していくためには経済も学問も外交と競争せねばならず、そのためには人々の「自治の習慣」を養成する必要があり、「自治の地位を占め自治の精神を養ふの路は、地方の治権を執て公共の事に参与するより外に、実地の良策ある可らず」というのが、福沢の論点であった。地方分権と士族の参与は、不満を発散させて反乱を防ぐ方策であったが、より積極的には、「自治の精神」を養って国際競争に耐えうる基盤を醸成する指針であった。

この時期に福沢が記していた『覚書』にも、治権の分与と自治精神育成の重要性がたびたび記されている。たとえば、「治権分布の慣習なきこと日本の如き国に於ては、情実の政を施すこと板倉大岡の流れに従ふより外は、如何なる政体にても、政府に人物集りて政事の行届く程、ます〳〵国力は衰微す可し」（傍点原文）と書き、「今の処にては治権分布の慣習を養ふより外なし。此事行はれざれば日本は尨に無に属す可し」と懸念した。[11] 政治行政が行き届くと国力が衰微するというパラドックスは、『分権論』においても指摘されており、政府が活発迅速に道路橋梁や学校の建設を行えば容易にことは進むけれども、無理な出費がかさんで経済的でない上、政治に慣れない人々はいつまでたっても政治的主体たりえないと指摘されている。「人々をして日本国の所在を知らしめ、推考の愛国心を永遠に養ひ、独立の幸福を後世子孫に譲らんとするには、今より其方向を定るの外に手段なかる可し」とする福沢は、「人民に権力を授る」ほかないとし、「人民に権利を授るは小児の手に利刀を渡すが如し」であるけれども、失敗や模索を繰り返しながら慣れていくのを待つしかない、と福沢は主張した。[12]

地方への分権と同時に、中央政府のスリム化も必要とされていた。福沢は『覚書』において、代議制導入の前提として「政府の領分を狭くし官吏の権威も給料も大に減じて、政府は人民の羨む可き目的とするに足らざる程のものに取縮めて」おく必要があるとし、そのために政府の用いる「御払下げ」、「御説諭」などの用語から「御」を取り除くことを提案し、役人の驕慢さを戒めている。「政府が手を引て人民に事を渡す」ために、首都を甲州か宇都宮に移して「政権」を移転し、まず東京の人民に治権を担わせればうまくいくのではないか、とも記した。福沢は、西南戦争に関する報道が政府の統制下に置かれ、正確な情報が報じられていないとして、こうした政府の秘密主義や新聞紙条例・讒謗律による言論統制を難じつつ、「人民自治の気象を生ずるまでには政治上に望なし」とも書いている。[13]

この『覚書』において、自治の精神の伝統を有するものとして期待したのが、薩摩士族であった。福沢は、薩摩士族が相互に連帯し、約束を定め、これにそむく者を許さないといった気風を挙げて、「藩政の大綱は専制なれども、藩士相互の細目は自由自治の風あり」と評価し、「薩兵の強きは特に此自治自動仲間申合せの致す所なり」と、薩摩兵の強さの淵源を自治の精神に求めた[14]。

この点については改めて後述するが、以上にみたように、福沢は不平士族が向かうべき方向として武力反乱ではなく地方自治への参加を示し、自治精神の育成を期待していた。それは中央集権化をすすめる明治政府に対する異議申し立てであり、国際化の波が押し寄せる情勢に対応した呼びかけでもあった。これが一般論としての不平士族対策であったとするなら、具体的な事象としての西南戦争への対応はいかなるものであったのか。

三、「抵抗の精神」

福沢諭吉が有名な「明治十年丁丑公論[15]」を記したのは、西南戦争の直後である。当時は発表するのがはばかられたため、福沢が死を迎えた明治三十四年二月に『時事新報』紙上で公表された。

この冒頭で、福沢は西郷の「抵抗の精神」を讃える。政府の専制を放置すれば際限がなく、これを防ぐには「抵抗するの一法あるのみ」だが、「近来日本の景況を察するに、文明の虚説に欺かれて抵抗の精神は次第に衰頽するが如し」。抵抗の方法には文、武、金があり、西郷が武を用いたのは「余輩の考とは少しく趣を殊にする所あれども、結局其精神に至ては間然すべきものなし」と、福沢は抵抗の精神に賛同した。

かくして福沢は、世上に展開されている「賊」西郷への「罵詈誹謗」を前に、西郷弁護論を展開する。西郷は武人の巨魁であり、勝利すれば士族をもちいて人民を奴隷視するだろうとの議論には、西郷が士族を重んじるのは「気風を愛重するのみ」であって、「封建世禄」に恋々としているわけではなく、西郷は「自由改進」を嫌うのではなく「真実に文明の精神を慕ふ者と云ふべし」と応じる。西郷が勝てば敗者の側が再び反乱を起こすのではないかとの予測には、退けられるのは数名の貴顕にすぎず、ほとんどの官吏は対象とならないし、与するものも少ないから案ずる事はないとし、むしろ「第二の西郷を生ずることそ国の為めに祝す可きこと」だと主張した。さらに、「政府を顚覆して此法を破らんとする者は違約の賊として罪せざる可らず」という論者には、政府転覆を試みるものを国賊として一切認めなければ、「世界古今何れの時代にも国賊あらざるはな」く、今の貴顕も幕府を転覆した意味では国賊ではないか、「有名無実と認む可き政府は之を顚覆するも義に於て妨げなきの確証なり」と反論した。福沢にとって、「義」と「精神」において、西郷の「抵抗」は可とさるべきものであった。

今回の反乱についても、征韓論政変で下野した西郷等薩摩士族の帰郷を黙認し、鹿児島に割拠させていたのは政府自身であり、その政策が士族や農民を貧窮に追い込んで不満を高め、高官の奢侈を極める生活が憎しみを買ってきた。その意味で、「乱の原因は政府に在り」というのが福沢の見解である。ただ、薩軍が西郷暗殺疑惑（次章にて詳述する）の解明のみを決起の名義としたのは、あまりに説得力を欠いたものであり、西郷は結局血気にはやる少年に担がれて起ったと不満を表明する。では西郷は、政府は、どうすべきだったのか。西郷は「学問の思想」をもって、「政権」を政府に帰して地方の「行政」に力をいれ、「地方の治権を取て之を地方の人民に分与」し、腕力ではなく議論と学問、産業をもって「独立の勢力」を養成し、その上で「民選議院」と「立憲政体」を作って日本全国の面目を一新すべきであった。すでにみたように、福沢が不平士族にもとめたのは「治権」への参画であり、それによる不満の解消と「自治の精神」の育成であった。その見解は、ここでも踏襲されている。中央の立憲政体の樹立は、かかる地方における基盤の上に展開されるべきものだったのであり、これが果たせず腕力をもってして決起に及んだことは、「西郷の罪は不学に在りと云はざる得」ない。西郷はあくまで「自治」に取り組むことで「抵抗」すべきであった。

もとより、「地方の治権を取て之を地方の人民に分与」するのは西郷の仕事ではなく、中央政府のなすべきことである。福沢の筆も、当然これを衝く。廃藩置県以来、「国事」に関わる地位を失った士族に対し、政府は「他の方向に誘導」すべきであったが、これをせず、ただ直接的に武力をもって弾圧し、言論を統制してきたのは「策の巧なるものと云ふ可らず」。すなわち政府は、「民会論」をもって公議輿論とみなし、これに士族を誘導すべきだったのであり、言論を自由にすれば腕力による反乱を防いで「平和に導く」ことができた、と福沢は主張する。政府はこれをしなかった。すなわち、反乱勃発の責は、暴発を未然に防ぐことができなかった政府にあり、「西郷の死は憐む可し、之を死地に陥れたるものは政府なり」と福沢は論じる。

西南戦争終結直後の福沢の胸中に去来していたのは、西郷も政府も、言論や地方自治という舞台に士族を導くことができず、結局は暴発させてしまったという無念さであり、言論の自由さえあれば

「薩摩の乱の如きも之を三、四年の前に注意して自由自在に擾攪すれば、余輩一本の筆を以て幾万の兵を未発に防ぐ可き筈なりき[16]」という自負であった。西郷その人の思想や「専制」への「抵抗の精神」は評価しつつも、それが腕力による決起、しかも正当性の薄い暗殺疑惑の解明などを名義に起ったことには不満を隠せなかった。

その意味で、戦時下において福沢が薩軍側に言論をもって政府に抗する機会を提供しようとしたのは、せめてもの「軌道修正」の試みであったかと思われる。

戦争勃発の知らせを聞いた福沢は、征討令発令を延期する建白書を起草した。石河幹明著『福沢諭吉伝』によると、この建白書は、暴発は不問に付すべきではないとしながらも、政府に尋問の筋があるというからには西郷にも言い分があるはずであり、それを問わずに維新第一の功臣たる西郷に征討令を発するのは忍びないとして、征討令発令の猶予と言い分を確かめる処置を取るよう求めたものであった。福沢はこれを中津出身の猪飼麻次郎と中野松三郎に託し、中津士族の連署をもって京都行在所に提出するよう企画したが、道路が混んで日時を費やした上に連署が容易に進まず、結局征討令発令に間に合わず画餅に帰することとなった。このため、福沢はこれを書き改め、七月二十四日、右の両名に山口広江、桑名豊山、鈴木閒雲を加えた計五人の名によって、太政大臣・三条実美に提出した[17]。

この建白書では、西郷が暴発した理由は不平にあるとされているが、その具体的な原因は一般に伝えられていないとして、これを明らかにするよう求めている。そのために、一時休戦して臨時裁判所を開設し、薩摩士族の主張を開陳させ、細部に至るまで検証・究明し、「聖断以て公平至当の御処分有らんこと」を求めた。裁判にあたっては、「天下の疑を解き衆庶の心を達せしむる」ため、「宮、非役華族及び各府県士民の名望有るもの」を「陪審官」とし、鹿児島士族の名代人の弁論を許し、一般の傍聴を許し、裁判の状況は新聞に報道させるなど、公平を期すべきだと主張している。[18] それは、政府が公開裁判もなく事件を処理してしまうことへの不安のあらわれでもあった。福沢が政府の言論統制を難じ、その秘密主義に不満を抱いていたことは先述の通りだが、「明治十年丁丑公論」でも、佐賀の乱の際に首魁たる江藤新平を「公然たる裁判もなく其場所に於て刑に処したる」ことを非難し、これは刑ではなく戦場で討ち取ったようなものであり、「鄭重なる政府の体裁に於て大なる欠典」だとし、萩の乱での前原一誠の処刑も同様に行ったことを問題としていた。[19] 結局、この建言が受け入れられることはなく、西郷は自刃し、裁判は戦後、戦争参加者を国事犯として処断する方向で進められていく。福沢は、もし自説を開陳する機会を得たならば西郷は縛に就いたにちがいなく、死を選んだのは江藤の例をみたからであり、政府が西郷を殺したのだと喝破した。

「明治十年丁丑公論」において、暗殺疑惑の解明をもって戦争目的としたことを「拙なる者」とし、「薩人たる人民の権利を述べ、従て今の政府の圧制無状を咎るのみにして、暗殺の如きは之を云はずして可なり」と記したように、福沢は、裁判の機会を通して、言論をもって政府の非を追及する機会を提供したかったものと思われる。開戦直後に記された西南戦争の利害得失に関するメモをみると、西郷が勝利した場合、「必ず一時新政を布き、人民に権利を許し、学者の説を容るゝは必せりと雖ども、到底武人なるが故に、戦争には勝利を得るも、事務には降参して、又小俗吏輩に欺かるゝことある可し」と予想しており、薩摩側が裁判で展開するであろう主張に、一定の期待も寄せていたことがうかがえる。[20]

四、「自治」と「抵抗」の狭間で

戦争終結後、慶應義塾に学んでいた市来七之助[21]が福沢に対し、「旧鹿児島藩士、今後の方向如何に付き」相談を持ちかけた。福沢はこれに応える形で、「薩摩の友人某に与るの書[22]」を記している。先述の通り、すでに『覚書』において、薩摩士族の気風をもって「藩士相互の細目は自由自治の風あり」と評していた福沢は、ここでも薩摩士族の性格や風俗、その気風に「薩の士族は自由の精神を抱き、仲間申合せの一体を以て日本普通専制の藩政に服従したる者」「薩摩の士族は、古来の習慣に於て門閥の念慮少なく、専ら自身の働に依頼するの風を成したるもの」といった自由と自治自立の伝統を読み取り、これを生かした民会の設立を期待した。すなわち彼は、薩摩士族に受け継がれる「仲間の約束を以て体を成し、自から作たる約束を自から守り、其約束を以て進退を共にし栄辱を共にしたるもの」という気風は「取りも直さず民庶会議に欠く可らざるの元素」であり、これを発達させて学問と工業、知力を発展させ、「軽挙暴動の念を抑圧して平和の方向を定め」、「農商」や「全国の人民」の模範となるならば、「民庶会議の如きは数年の内に整頓して、他国に於て百年の事業も薩摩に於ては十年に効を奏す可し。是れ即ち余輩が該士族の為に謀て、其性質を衆庶会議の事に適する者と認め、以て今後の方向とする所なり」と結論した。「民会なくしては議院ある可らずと雖ども、議院なくして民会ある可し」と説く福沢にとって、かかる地方民会の設立は中央の議会設立の前提となるべきものであった[23]。

こうした福沢の期待や評価が、薩摩士族の伝統を正確に言い当てたものであるかどうかは疑問が残るところだが、ここでは、彼がこうした認識を得る上で大きな影響を受けたのが、久保之正の『論語道国章』であったこと、[24]薩摩士族の「自治の精神」を民会にふさわしいものとし、これを発展させ、全国の模範たるべきことを期待したのを確認するにとどめよう。鹿児島における民会の設立と運動についても、次章で論じるため、ここでは、慶應義塾出身の民権家が実際に民会設立運動を展開していたこと、そして戦後、福沢が九州改進党鹿児島部の機関紙的存在となる『鹿児島新聞』の発行を支援したことを指摘するにとどめたい。

さて、福沢が「自由の精神」「仲間申合わせの一体」「門閥の念慮少なく」といった自由と自治の伝統から薩摩士族を評価したのに対し、同じ観点から批判の目を向けたのが、故郷中津の士族であった。

明治十年三月三十一日、福沢の親類であり、慶應義塾にも学んだ増田宗太郎が中津隊を率いて決起し、支庁を襲撃した。新聞で中津士族決起の報を得た福沢は、四月五日、旧知の外務卿・寺島宗則にその真偽を問い合わせている。すなわち彼は、「旧中津藩の士族が暴発して県の支庁を犯した」という情報は信じられないが、多数報道もあり心配なので「極内々奉伺度」と問うた上で、「若し事実ならば誠に意外千万なり……洋学校もあり、百事瓦解可致心配不少候」と表明した。[25]この時点で中津士族の決起に増田が関与していたことを福沢が知っていたかは不明だが、かつて、「尊攘家」時代の増田に暗殺されそうになった福沢にすれば、[26]その去就は相当に懸念されていたにちがいない。増田は福沢が設立に寄与した「洋学校」、すなわち中津市学校の教員も勤めており、その決起は「洋学校」の「瓦解」につながりかねなかった。[27]

果たして、中津隊の決起は、事実であった。その事実を前に、福沢が「旧藩情[28]」緒言を記したのは、西南戦争が開戦して三ヶ月ほどが経過した明治十年五月三十日である。ここでは、旧中津藩の武士社会において、いかに上士と下士との格差がはげしく、それが越えがたいものであったかを論じ、「上下両等の士族」は、権利、血縁、貧富、教育、家計、風俗習慣、栄誉、利害をことごとく異にし、「従て同情相憐む の念も互に厚薄なきを得ず」と評した。こうした格差の維持を懸念する福沢は、「門閥の妄想を払ひ、上士は下士に対して恰も格式りきみの長座を為さず」、一方で「下士も亦上士に対して旧怨を思はず」、「双方共にさらりと前世界の古証文に墨を引き」、士族固有の「品行の美」を養って「商工の働を取て士族の精神に配合し、心身共に独立して日本国中文明の魁たらんことを期望」した。

こうした変化が実現せず「残夢」が醒めないなら、「万に一も世間に騒動を生じて其余波近く旧藩地の隣傍に及ぶこともあらば、旧痾忽ち再発して上士と下士と其方向を異にするのみならず、針小の外因よりして棒大の内患を引起す可きやも図る可からず」と福沢は懸念する。それは、すでに現実のものとなっていた。かかる士族の暴発を防ぐために必要なのは、「学問」の興隆と上下間の「婚姻」であった。とりわけ、中津では自らが支援して市学校を設立していたこともあり、「旧藩地に私立の学校を設るは余輩の多年企望する所」だとした上で、「廃藩以来、士民が適として帰する所を失ひ、或は之がため其品行を破て自暴自棄の境界にも陥る可き」状況に対して、学校を設立すれば「恰も暗黒の夜に一点の星を見るが如く」であり、「読書」以上の「功能」があると述べている。福沢にとって、中津の下級士族の暴発は上下の格差が生んだ旧時代の負の遺産にほかならず、だからこそ、教育と婚姻を通じて「門閥の妄想」を晴らさねばならなかった。

これを書き上げた福沢は、さっそく現地の鈴木閒雲宛の書簡（六月二日付）で、中津での戦闘について「懸念」と「心配」を示し、この事態の原因として「中津旧藩之旧痾」を挙げ、後日必ず不都合が生じるとして、「其原因ハ門閥之残夢なり」と判断した。福沢は「中津ニ而徳望ある士」とみる鈴木に「旧藩情」の一読をすすめ、「非常之英断を以て世間之残夢を驚破するの御考ハ有之間敷や」と呼びかけ、「大胆不敵之言行を以て衆愚士族を籠絡せんこと、小生が懇々企望する所なり」と繰り返している。(29) この二日後の浜野定四郎宛書簡でも、「此世間之騒擾ニ際して中津之旧痾再発し、上士と下士と之きしり合ひなり」と述べ、やはり「旧藩情」の閲読を求めた。(30) すでに薩軍は豊後方面に進出、大分県内での戦闘がはじまっていた。

実際、鈴木、山口等中津士族の有力者五十余名は、増田の残党などによって治安が乱れている現状を前に対策を練り、山口が「速ニ同心戮力シテ外ハ暴徒ノ万一ニ起ルヲ防キ内ハ市内人心ヲ鎮定セシガ為」武装して治安維持に当たるべきだと提案、一同の同意を得て数千人の士族警備隊が組織され警戒にあたったという。旧藩主・奥平昌邁も東京から書を送り、「士族ノ順逆ヲ誤リテ旧藩ノ名誉ヲ毀クルコトアルベカラザルヲ説」いたとも伝えられているが、(31) これも福沢の意が働いた措置であろうか。

薩摩士族の決起を「抵抗の精神」から評価し、その伝統に「自治の精神」を見出していた福沢にとって、中津士族についての懸念は右の通りであり、その暴発も「門閥之残夢」になされた「自暴自棄」にほかならなかったようである。この懸念が的確なものであったかどうかは別として、中津市学校を設立して「星」を示そうとしていた矢先に決起をみたことは、自身の取り組みの挫折を意味するものであり、それは少なからぬ衝撃を与えたにちがいない。だからこそ、「残夢」をいち早く醒ますために「旧藩情」を書いて現地に送り、その閲覧を求め、教育と婚姻を通して「旧痾」を癒すよう期待したのであろう。

五、むすび――民会論から国会論へ――

明治十一年三月八日、大分県権令・香川真一が「民会仮規則」を公布した。これは、小区会、大区会、県民会という三会制の複選法を採用し、性別や財産といった資格制限を設けずに戸主に選挙権を付与、発議権を議員のみならず区戸長や庶民にも認めるなど、開明的なものとして知られている。(32)

この規則を読んだ福沢は四月十二日、香川に書簡をしたため、「誠に敬服、是迄他諸県のものとは全く性質を殊にし、真の民会と奉存候」と評価し、「当新聞屋の説を附して出版いたし候様申付置候。必ず世間の耳目を驚かし候事と奉存候」と出版斡旋の労をとっている。(33)地方分権と民会による自治精神の育成と不平の吸収を期待していた福沢にとって、反乱が収束し「不平の吸収」というその消極的意義が消えたいま、前面に出てきたのは「自治精神の育成」という積極的意義であったにちがいない。「薩摩の友人某に与るの書」に示された民会への強い期待が、反乱収束の安心感と自治の伝統への評価の上に展開されたものであるとするなら、大分県会成功への期待と助力は、「旧藩情」を踏まえた上での、中津士族の「残夢」の解消を担う「積極的意義」の発揚を求めたものであったと思われる。

同じ頃、福沢は適塾同窓の医師・津下精斎から岡山県下で民会や演説会が盛んに行われていると聞き、現地で学校事業を推進していた中川横太郎に「津下君ヨリ承候得共、其御県下之民会ハ追々盛大、演説会も流行之由、乍蔭不堪欣喜」（四月六日付書簡）と喜びを伝え、ちょうど『民間雑誌』に掲載していた「薩摩の友人某に与るの書」を「民会之趣旨ニも関係と存」るとして、周囲に配布するよう依頼している。[34] 民会開設への期待は、鹿児島や大分に留まるものではなかった。

福沢は同年六月に緒言を記した『通俗民権論』（明治十一年九月刊）においても、「中央政府の政権」と「地方の治権」の「職分」について再論し、世の民権論者の国会開設論を「中央の首府に大なる議事堂を開き、有志の人物を集めて国政を議するの目的なるが如し」とまとめた上で、これでは「首府の地に二箇所の政府を立るに異ならず」、政府と競合するためその反発を受けるにちがいない、と予測する。そして、「国会を設けて各地方の総代人を集めんとするには、先づ其地方にて人民の会議を開き、土地の事は土地の人民にて取扱ふの風習を成し」、かかる上で「地方の小会議」から「中央首府の大会議」に代表者を出席させるべきであり、これで「始めて中央と地方との情実も相通じて国会の便益をも得」られると主張する。かくて福沢は、「地方の民会を後にして中央の国会を先にせんとするは、事の順序を誤る者と云ふ可し」と地方民会優先論を強調した。[35]

のちに福沢は、明治二十五年に刊行した『国会の前途』において、「地方自治は古来日本固有の制度にして、国民の之に慣れたること久し」として、立憲政体下の新たな地方制度を円滑に実施するには「古来我民心に染込みたる自治の習慣こそ有力なる素因なれ」と論じることになるが、[36] 鹿児島について論じたように、この当時も日本社会に受け継がれてきた自治の伝統に依拠して、「治権」の定着を推進しようとしていた。[37] 『通俗民権論』と同時刊行された『通俗国権論』において彼は、「日本の人民」の「報国心」について論じた文章の中で、「相撲芝居祭礼式日等に、市邑の人民が集会して、或は事を相談し、或は壮年の輩が互に競争するが如きは、無益の戯に似たれども、決して然らず、人身を結合する為に有力なる方便なれば、今後益これを勧めて、自由自在に任したきことなり」と記している。[38]

われわれは、かかる自治の伝統を踏まえた地方民会優先論を展開していた福沢が、明治十二年以降、中央の国会開設運動の口火を切ることを知っている。『民情一新』と『国会論』を発表して、早期の国会開設と議院内閣制導入の重要性を訴え、彼が国会開設運動の火をつけたのは、明治十二年七月から九月にかけてのことであった。『福翁自伝』では、「明治十年西南の戦争も片付いて後、世の中は静かになって、人間が却って無事に苦しむというとき、私が不図思い付いて、これは国会論を論じたら天下に応ずる者もあろう、随分面白かろうと思って、ソレカラその論説を起草」したとして、それが「図らずも天下の大騒ぎになって、サァ留めどころがない、あたかも秋の枯れ野に自分が火を付けて自分で当惑するようなものだと、少し怖くなりました」[39]と述べている。

本当にこれが思いつきから生まれた国会論にすぎなかったのか、あるいは、「地方民会→中央議会」という図式にのっとり、前者の展開に対する手ごたえから発展した次のステップであったのか、それを考える上で、明治十一年二月一日付の板垣退助宛書簡で福沢が次のように述べているのは興味深い。立志学舎に慶應義塾から教師を派遣するなど、板垣と一定の関係を持っていた福沢は、この教師などを通じて板垣の「去年来御様子は詳に伝承」しており、「土陽民間之模様は次第に進歩、議論も追々着実相成候よし、何より之義、全く先生之御尽力に依りこの面目に至りし事、窃に欣喜に不堪候」と述べて、大分の県会仮規則への喜びと同じ表現をもって、高知での言論活動の活発化をたたえた。さらに、板垣によって「地方之諸件夫々緒に就くは、誠に祝すべし」とした上で、そろそろ東京に出てくるべき時期ではないか、と呼びかける。「今先生は地方に在て、既に地方之人望を得たり。宜しく速に都会に来て、又都会の旧面目を増すべき事、今日の急と奉存候」[40]。地方における板垣の活動をつぶさに見た福沢は、その成果をみとめ、中央への進出を慫慂したわけである。

前章でみた通り、立志社を率いていた板垣は、西南戦争勃発に際して高知に帰郷し、これに呼応して決起しようとする林有造などの急進派に一定の理解を示しつつも、四月十四日の熊本城開通によって薩軍の形勢が悪化すると武装蜂起を否定する姿勢を鮮明にし、言論と教育による民権運動の展開に舵を切っていた。実際、高知県下では同年六月頃からさかんに演説会が開かれ、新聞の発行や建白書の提出などを通じて民権運動が盛り上り、これが、翌年四月の愛国社再興の決定へとつながっていく。その再興趣意書を起草する植木枝盛や板垣は、民会設立にも積極的に関与した。

「腕力」でなく言論によって民権論を高揚させ、また自治の精神を養い、町から区へ、区から県へ、そして全国へと拡大していくという板垣や植木の態度は、当時の福沢の主張と一致していた。板垣の「御様子は詳に伝承」していた福沢は、こうした板垣の主張や高知県下の政治情勢を詳知し、そこに自説との一致をみたがゆえに、その運動を称え、いまや「地方之人望を得た」板垣は「都会に来て」運動を展開する段階にきていると判断したのにちがいない。実は福沢は『分権論』を執筆した際、明治十年一月四日にその写本を板垣に送付し、「御一覧被成下候ハヽ、本懐之至ニ御座候。……成丈ケ世上ニ流布いたし度、御周旋奉願候」と世上に流布させる協力を依頼していた[41]。これに対して板垣は一月六日付で、「愛国の御赤心感服の至奉存候。卓説高論当世の薬石と存奉候間、速に謄写為致、同志え分与可仕と奉存候」として、感服して同志に頒布すると礼状を送っている。[42] こうしたやりとりをふまえると、福沢にとって、「世上ニ流布」するよう協力を依頼した地方自治論を「卓説高論当世の薬石」と受け止めてくれていた板垣が、言論や民会の活性化に動き出したことは、持論の具現化として評価、歓迎されるものであったにちがいない。

愛国社再興趣意書が作成されて高知から全国に遊説員が派遣されたのはこの年四月であり、大阪で愛国社再興大会が開催されて「政団統一の業、略ぼ緒に就き、天下有司合同の大本始めて立つるに至[43]」（『自由党史』）ったのは、九月のことであった。五月に大久保利通が暗殺されたとき、福沢は、権力者を襲う災いの原因は「過重の権威」と「独裁の政」にあるとし、「独裁を公共の政治に転向する」ことを要請しつつ、あくまで「沈着」に国民の「風俗習慣の移動に従て其政治を布」くことを期待していた。[44] その姿勢はあくまで慎重だったけれども、愛国社運動の高揚は、福沢に「習俗習慣」が「公共の政治」に向かって成熟していく実感を与えたようである。十月六日に緒言が書かれた『通俗国権論　二編』（明治十二年三月刊）は、「国会を開くの利害得失は姑く擱き、数年来人心の赴く所を察すれば、利にも害にも早晩これを開かざるを得ざるは勢に於て明なり[45]」と述べて、国会ではまず外交について議するべきだとしている。この判断をもたらしたのは、愛国社再興大会の成功であったにちがいない。[46]

「数年来」期待してきた地方自治は、大分や岡山、高知などで一定の成功を示し、この年七月には府県会規則が交付されて地方議会が制度化された。福沢はこれを「此度府会の設は政府の美事、人民の幸福」[47]と述べて自ら東京府会議員に就任した。民会が内容面でも制度面でもその充実度を高める一方で、全国的な民権運動は高揚し、いまや「人心」は国会開設に向かいつつあった。かくして、地方自治と言論による「抵抗」は次の段階へと展開し、福沢は、自ら筆を執って国会開設運動を盛り上げていくことになる。そこで打ち出されるのは、英国型の議院内閣制と二大政党制とであった。

註

（1）慶應義塾編『福沢諭吉全集』第一九巻（岩波書店、昭和四十六年）、七九六頁。
（2）福沢と西郷の交流については、富田正文「福沢諭吉と西郷隆盛」（『新文明』一巻一号・二号、昭和二十六年九月・十月）、拙稿「福沢諭吉と勝海舟―江戸城無血開城と人脈をめぐって―」（『福沢手帖』一二一号、平成十六年六月）、など、参照。
（3）慶應義塾編『福沢諭吉全集』第四巻（岩波書店、昭和四十五年）、二三三―二九八頁。
（4）前掲『福沢諭吉全集』第四巻、五一一―五一八頁。これは明治十一年四月六日から九日まで『民間雑誌』に発表されたもので、翌年の八月刊に刊行された『福沢文集』第二編に収められた（慶應義塾編『福沢諭吉書簡集』第二巻、岩波書店、平成十三年、六七頁）。
（5）安西敏三『福沢諭吉と自由主義―個人・自治・国体―』（慶應義塾大学出版会、平成十九年）、松田宏一郎『江戸の知識から明治の政治へ』（ぺりかん社、平成二十年）、丸山眞男「福沢諭吉選集第四巻 解題」（丸山眞男『丸山眞男集』第五巻、岩波書店、平成八年、所収）、など、参照。
（6）慶應義塾編『福沢諭吉全集』第六巻（岩波書店、昭和四十五年）、五二九―五五三頁。
（7）慶應義塾編『福沢諭吉書簡集』第一巻（岩波書店、平成十三年）、三四九―三五二頁。
（8）福沢は明治十年二月に『家庭叢談』に連載した論説でも、士族の役割を高く評価している。すなわち、華族、士族、平民のうち「公共の為を謀る者」の「多くは藩士族中に属する」とし、こうした「士族の気象を亡失するは実に惜む可きこと」であり、「無智蒙昧無気無力」の平民の知力・気力を発揮させねばならないと力説した（前掲『福沢諭吉全集』第十九巻、六二二―六二六頁）。
（9）福沢諭吉『学問のすゝめ』（岩波文庫、昭和六十二年）、六八―七二頁。福沢の抵抗権思想については、井田輝敏「明治前期の「抵抗権」思想―福沢諭吉と植木枝盛を中心として―」(『北九州大学法政論集』一〇巻・一・二合併号、昭和五十七年一一月)、など、参照。

(10) たとえば『評論新聞』第三四号(明治八年十一月)社説「民権論」は、「速ヤカニ国会ヲ設テ立法ノ大権ヲ人民ノ手ニ掌握」すべきだと説き、「有司」がこれに抵抗して私利を追求する場合には、人民は政府を打倒する権利を有するとし、それは「謀反」ではないと力説している。

(11) 慶應義塾編『福沢諭吉全集』第七巻(岩波書店、昭和四十五年)、六八三頁。

(12) 前掲『福沢諭吉全集』第四巻、二八五―二八八頁。

(13) 前掲『福沢諭吉全集』第七巻、六七八―六七九頁。

(14) 前掲『福沢諭吉全集』第七巻、六八〇―六八一頁。

(15) 前掲『福沢諭吉全集』第六巻、五二一―五五三頁。

(16) 前掲『福沢諭吉全集』第七巻、六八〇頁。

(17) 石河幹明『福沢諭吉伝』第二巻(岩波書店、昭和七年)、五一一―五一二頁。

(18) 「西郷隆盛の処分に関する建白書」(慶應義塾編『福沢諭吉全集』第二〇巻、岩波書店、昭和四十六年、一六八―一七五頁)。

(19) 詳しくは、三谷太一郎『政治制度としての陪審制―近代日本の司法権と政治―』(東京大学出版会、平成十三年)、一〇四―一〇五頁。

(20) このメモの前段で、学者を敵にしたのは新聞紙条例だと書いているから、「学者の説を容るゝ」とは、言論の自由を意味しているのであろう。一方、政府が勝った場合、「益今の政路に従ひ、得々として顧ることなき歟、又は内に自から不和を生じ何事も挙ること」なく、「武力を以て容易に政府を覆すの慣習を遺さず」対外的な体面は維持できるものの、「必ず士族の気力を失はしめ、政府専制の慣習を養成し、開化の歩を遅々たらしむるは、此度〔の〕戦争の余害なり」と福沢はいう。こうした政府勝利後の展望は、たとえ一時期でも権利と自由が実現するという薩軍勝利後の予測に比して、暗いといわざるを得ない(「西南戦争の利害得失」、前掲『福沢諭吉全集』第二〇巻、一六六―一六八頁)。

(21) 市来七之助は嘉永七年、鹿児島藩士市来一兵衛の五男として生まれ、明治七年に私学校入学、のち近藤真琴の塾に学び、西南戦争直前に帰郷して出征した。負傷して政府軍の病院に収容されるも脱走、明治十一年一月に慶應義塾に入社し、福沢と親しく交際した。明治十一年六月には、鹿児島で西郷隆盛暗殺計画がどう発覚したのかについて、福沢にその経緯を詳しく語っている(「明治一〇年以降の備忘録」、前掲『福沢諭吉全集』第一九巻、三二七頁)。「薩摩の友人某に与るの書」には「某」が誰なのか明記されていないが、市来のことと考えられている。市来はのちに野村政明と改名、九州改進党に属して

『鹿児島新聞』を創刊し、愛知県知事なども務めた（田中明子「サー・エドワード・リードの来日と慶応義塾訪問―市来七之助（野村政明）と福沢諭吉―」『福沢手帖』九九号、平成十年十二月、一―三頁）。

（22）これは明治十一年四月六日から九日まで『民間雑誌』に発表され、翌年八月刊の『福沢文集二編』に収められた（慶應義塾編『福沢諭吉書簡集』第二巻、岩波書店、平成十三年、六七頁）。引用は『福沢文集二編 巻二』（前掲『福沢諭吉全集』第四巻、所収）、五一一―五一八頁より。

（23）この書で福沢は、「民会とは唯地方の人民が集会して、地方に属する道路、橋梁、学校、寺院、衛生の方法、市在の取締等の事を相談して、其土地公共の事務を土地の風俗に従て処置することに過ぎず」と解説している。

（24）いつ福沢がこの書を読んだのかは明らかではないが、「薩摩の友人某に与るの書」にはたびたび同書が引用されている。福沢における久保の影響については、前掲『福沢諭吉と自由主義』、参照。

（25）前掲『福沢諭吉書簡集』第二巻、一二頁。

（26）福沢諭吉『新訂 福翁自伝』（岩波文庫、昭和五十三年）、二二〇―二二一頁。

（27）飯田鼎『福沢諭吉―国民国家論の創始者―』（中公新書、昭和五十六年）、一三二―一三三頁。

（28）前掲『福沢諭吉全集』第七巻、二六一―二八〇頁。

（29）前掲『福沢諭吉書簡集』第二巻、一五―一六頁。

（30）前掲『福沢諭吉書簡集』第二巻、一七頁。

（31）広池千九郎『中津歴史』（広池千九郎、明治二十四年）、二六八―二七二頁。

（32）大分放送大分歴史事典刊行本部編『大分歴史事典』（大分放送、平成二年）、五六六頁、「県会」の項（野田秋生執筆）。大分の民会については、野田秋生『大分県自由民権運動史（概略）』（エヌワイ企画、平成二十三年）、第三章「民会運動の展開と一揆―始動」、など、参照のこと。

（33）前掲『福沢諭吉書簡集』第二巻、七〇―七一頁。

（34）前掲『福沢諭吉書簡集』第二巻、六六―六七頁。

（35）前掲『福沢諭吉全集』第四巻、五八〇―五八一頁。

（36）前掲『福沢諭吉全集』第六巻、五〇―五一頁。

（37）この点について詳しくは、松田宏一郎「福沢諭吉と「公」・「私」・「分」の再発見」（『立教法学』四三号、平成八年）、一三一―一三二頁、同「近代日本における「封建」・「自治」・「公共心」のイデオロギー的結合―覚書―」（張翔・園田英弘編『「封建」・「郡県」再考』思文閣出版、平成十八年、所収）、三四六―三四九頁、参照。

（38）前掲『福沢諭吉全集』第四巻、六四〇頁。

(39) 前掲『新訂 福翁自伝』、三〇二―三〇三頁。
(40) 慶應義塾福沢研究センター「福沢諭吉関係新資料紹介」(『近代日本研究』第二三巻、平成十九年三月)、二六六頁。
(41) 慶應義塾福沢研究センター「福沢諭吉関係新資料紹介」(『近代日本研究』第二一巻、平成十七年三月)、二七九頁。
(42) 慶應義塾編『福沢諭吉全集』第二一巻(岩波書店、昭和四十六年)、三六一頁。
(43) 板垣退助監修『自由党史』上(岩波文庫、昭和三十二年復刻)、二四六―二四七頁。
(44) 「内務卿の凶聞」(『民間雑誌』一八五号、明治十一年五月十五日。引用は前掲『福沢諭吉全集』第一九巻、六五六頁)。
(45) 前掲『福沢諭吉全集』第四巻、六六三頁。
(46) 寺崎修編『福沢諭吉著作集』第七巻(慶應義塾大学出版会、平成十五年)、寺崎修「解説」、三五八―三五九頁。
(47) 前掲『福沢諭吉伝』第二巻、七二九頁。

〔追記〕本章は、拙稿「西南戦争期における福沢諭吉の思想―「自治」と「抵抗」をめぐって―」(『日欧比較文化研究』七号、平成十九年四月)および拙著『福沢諭吉―「官」との闘い―』(文藝春秋、平成二十二年)、第一章を加筆・修正して構成した。

第四章　鹿児島の反戦思想

――戦時下の民権家とその活動――

一、はしがき

鹿児島における自由民権運動は他地域に比べてその勃興が遅く、国会期成同盟が結成された明治十三年（一八八〇）頃ようやく開始された、といわれる。[1]

その理由について従来の研究[2]は、西南戦争によって運動の中心となるべき青年の多くが戦死したこと、また生き残った者にも有罪判決を受けて収監される者が多かったこと、さらに明治政府が鹿児島の政治運動を強く警戒していたこと、などを挙げている。このため、国事犯として収監された人々が出獄して政治運動に加わりはじめる明治十三年頃まで、民権運動は「一時火の消えたような状態[3]」にあったという。戦争前の民権思想としては、明治八年に鹿児島在住の竹下弥平[4]が『朝野新聞』に投稿した憲法草案の存在があきらかにされている[5]が、こうした思想の普及も戦争勃発によって中断されてしまったとされ[6]、戦前・戦後の民権思想は人的にも思想的にも切り離されて捉えられてきた。

しかし、明治十年二月の西南戦争開戦直前の鹿児島の状況を眺めると、そこではわずかながらも民権家の活動が展開されており、それは人的にも思想的にも、戦後の民権運動と分かちがたく結びついていたことがうかがえる。本章ではこうした西南戦争前後における民権家の活動を考察することで、戦争前の民権家の活動と、その思想的背景、そして戦後の思想・行動との連続性について明らかにするものである。

具体的に取り上げるのは、西南戦争開戦の名目となった「西郷隆盛暗殺計画」の容疑者として逮捕された二人の鹿児島県士族、田中直哉と柏田盛文の思想と行動である。田中はこれまでほとんど知られていない人物だが、戦争前は評論新聞記者として政府を攻撃し、開戦直前に鹿児島に帰郷、合併区会の開設を通して私学校徒の鎮撫・啓蒙に努め、真宗の解禁を通して権利・義務の観念を理解させようとし、合併区会開設の試みは挫折して、結局西郷隆盛暗殺計画の一員として逮捕、戦後は鹿児島県会議員、九州改進党鹿児島部の幹部となった。一方柏田は、慶應義塾を卒業後すぐに田中とともに帰郷し、私学校徒の暴発は「民権進動ノ欄柵トナル」としてその鎮撫に当たろうとしたが失敗、逮捕され、のちに鹿児島の民権運動の旗頭となって、鹿児島県会議長や自由党幹事、衆議院議員などを務める人物である。

これまで鹿児島における自由民権運動研究は、猪飼隆明氏が「ほとんどおこなわれてはいない」[7]と指摘し、また出原政雄氏が「鹿児島における自由民権研究への取り組みが遅れている」[8]と述べているように、その蓄積がきわめて少なかった。[9]最近になって、出原氏の論文や久米雅章氏の論文[10]などがあらわれ、その状況は徐々に改善されつつある。

本章において語りうるものは少ないが、以下の考察によって西南戦争期の鹿児島の多様性と民権運動と戦争の関係に若干の光をあて、進展しつつある鹿児島民権運動研究の発展にいささかの貢献ができれば幸いである。

二、田中直哉の思想と行動

嘉永六年六月、田中直哉は鹿児島県薩摩郡平佐村の士族の家に生まれた。[11]『川内市史』によれば、その後藩校造士館を出て上京し、江川太郎左衛門の塾で砲術を学んだ後、慶應義塾に学んだといわれている。[12]明治八年十月からは『評論新聞』の記者として活動している。東京での住所は、「東京第五大区六小区浅草阿部川町百番地山田半四郎方止宿」[13]であった。

『評論新聞』に入社した経緯は判然としないが、同紙は「西郷隆盛の配下であった海老原穆の創立したもの」[14]であり、鹿児島出身者の田中にとっては入社しやすい事情があった。同紙は明治八年二月に創刊され、「特に屢々危矯なる政府攻撃の論文を発表して政府の忌諱に触れ、……痛烈に政府批判を継続した」[15]「政府攻撃の最右翼」[16]として知られている。

田中直哉は明治八年十月から翌年二月までほぼ毎回記事を書いている。この間、「国家ノ治安幸福ヲ図リ我帝国ノ特立不羈ヲ失ハス我国威ヲ東洋ニ赫々タラシムルコトアランコトヲ是レ吾輩ノ志願」[17]とする田中が一貫して論じたのは、内乱勃発への危惧と言論抑圧への批判であった。

田中は、「暴政府アラハ其人民ノ力ヲ以テ之ヲ顚覆スルモマタ暴激トナスヲ得ス」と、「不平徒ヲ圧制セントス」る圧制政府に対する暴発を不可避のものとし、[18] 特に、故郷鹿児島の状況を憂慮する。明治九年一月には、「鹿児島党ハ必ラス政府党ヲ倒シテ自ラ天下ノ権ヲ掌握スルニ至ラン」と鹿児島での私学校徒の蜂起を予測し、「政府ト方向ヲ異ニシ社ヲ結ヒ党ヲ立テ或ハ封建ヲ唱ヒ或ハ民権ヲ主張シ陰然政府ニ抵抗スルモノ幾千百万人」が「鹿児島党ニ連結シテ其事ヲ為サン」と、反政府勢力による反抗の全国的拡大に警告を発した。[19] また、「人民ヲシテ感服セシムルニ出ルモノハ異論百出懇々討議シテ而シテ其中央ニ真理ヲ発見シ以テ之ヲ実地ニ施行スルモノニアラスヤ」として、「廟堂諸公カ互ニ是非討論真理ヲ発見スル」ことを期待する田中は、言論の自由を束縛する「讒謗律新聞条例ヲ廃スルノ思想」を提示している。[20] 福沢諭吉の「多事争論」を想起させる言説であろう。報知新聞などの編集長が三島通庸の女性問題を報じて逮捕された際には、「只恐ル新聞記者ナル者悉ク温良恭謙《ママ》譲ノ君子ニアラスシテ他日我政府ヲ顚覆シ我官吏ヲ要撃スルニ至ランコトヲ」[21] と述べて間接的にこれを批判し、同僚の小松原英太郎と横瀬文彦、山脇巍が「政府顚覆スヘキノ投書」を掲載して逮捕された際には、「彼三氏ハ未来ノコトヲ痛論セシノミ」であり、「法官ハ未来ノコトヲ弁論セシヲ以テ罪科ト為シ之ヲ罰セシニアラスシテ別ニ深謀遠慮ノアル」がためにこれを裁いたと批判した。[22] 明治九年二月にはさらに、「颪ヤ々汝チ汝チノ力ヲ尽シテ満天ノ妖雲ヲ吹キ破リ廟堂官吏ノ襟胸ヲシテ自由ノ空気ヲ流通セシメンコトヲ」などと政府を揶揄している。[23]

この最後の記事が讒謗律に触れるものとされたようで、同年三月十二日、田中は「禁固一ヶ月・罰金二十円」の判決を受けて収監されている。[24] 同時期に逮捕された人物には末広重恭、箕浦勝人、植木枝盛、成島柳北などもおり、[25] 成島が出獄後に『朝野新聞』に連載した「ごく内ばなし」にも、「僕ト前後同ジク獄中ノ妙味ヲ喫シタル者」として田中の名が挙がっている。[26]

四月十日に出獄[27]した田中は、その四日後、「新聞条例讒謗律ノ禁獄所刑ヲ廃シテ罰金所分ヲノミ存シ新聞記者投書家ノ禁獄人ハ贖罪ヲ以テ悉ク放免スヘキノ上書[28]」との建白書を元老院に提出した。ここで田中は、次のように論じる。収監されている新聞記者は「悔悟ノ実効ナキノミナラス……却テ栄誉トナス」有様であり、また出監後も「世人モ亦敢テ新聞記者ヲ目スルニ……栄誉ノ字ヲ以テスル」情況であることから、「禁獄ナル者ハ特ニ無用ニ止マルノミニ非ス其国家ノ妨害」となっている。そこで禁獄刑を廃して罰金刑のみにし、禁獄人を釈放すれば「新聞記者」は「政府カ寛洪ノ御趣意ヲ感佩」し、「世上論者」も「其慈仁ノ盛旨ヲ拝載」することになるではないか、と。

巧みな論理だが、ようするに禁獄は無意味だから廃止し、受刑者も釈放するよう求めているわけであり、元老院としては五月十日に各議官の「一閲」を与えるに止まっている。ただ、この処理が行われている間に、田中はかねて憂慮していた故郷鹿児島に向かっていた。

果たして、彼が実見した鹿児島は、「私学校徒之跋扈スルノミ」という緊迫した情勢にあった。このときの情勢を彼はこう記している。[29]

何々郷ハ私学校徒之為メニ戸長ヲ免セラレタリトカ或ハ某々郷ハ其郷共有金ヲ以テ銃器ヲ買入ル而シテ共有地モ悉ク私学校徒ノ占メテ耕作スル所為ナリト種々紛々私学校徒ノ行業枚挙スルニ遑アラス

このままでは「終ニ其余波ハ我郷ニ波及シ或ハ郷金ヲ費シ教育上前途ノ目的ヲ失ヒ人々ノ困苦ヲ負フ遠キニ非サル可シ」と危惧した田中は、次のような手段で事態収拾に取り組もうとしている。[30]

我隣郷合併論ヲ立テ合併区中ノ代民区会ヲ開キ一ハ壮士輩ヲ教育シ方向相定メ一ハ区会ヲ開イテ其暴勢ヲ制スルノ策ヲ施サン

郷の合併を行って「代民区会」を開き、これによって壮士を教育して方向を定め、暴勢を抑えようという。「代民」とあるから、公選制の区会を構想していたものと推察される。

ただ、当時の鹿児島県令・大山綱良は、民会設立に関してきわめて消極的であった。明治八年六月に行われた第一回地方官会議で地方民会について審議が行われた際にも、「人民群集シ吺々紛論首トシテ地方官員ノ賢愚政事ノ得失ヲ議シ……左右ノ大臣ヒ参議ノ黜陟ヲ論シ甚シキハ終ニ共和政治ノ論ヲ主張シ政府ハ人民ヲ妨害束縛スルノ地タルヲ唱ヘ……讒謗律ヲ用ヒ日ニ人ヲ刑スルトモ制止スル能ハス」といった世論の現状から、民会開設は時期尚早であるとの建言を朗読している。[31]この会議では官選区戸長を構成員として民会を開くことが決せられるが、各地で公選民会開設の要請が強まる中、民会自体の数は着実に増加していった。明治九年六月までに千葉、新潟、熊谷など二十五県で民会が開設、議事規則が確認される二十二府県をあわせると全府県の七十八%で民会が開かれるにいたっている。[32]しかし鹿児島では、「地方官会議における大山県令の建言内容からもわかるように、当時県会はもちろん区戸長会、町村会その他如何なる意味においてもいわゆる民会と称される如きものは存在しなかった」[33]と言われ、民会の設立は遅々として進まなかった。田中が右のような行動を起こすにいたった背景には、こうした全国的な民会をめぐる可能性と、鹿児島の暗い現実があったものと推察される。

さて、田中はさっそく合併区会開設を地元の第二十九大区長等に交渉したが、「何分人心未タ此度ニ達セス衆議一決ノ処ニ参ラス」との反応であり、大山綱良県令にも話をもちかけたが、大山は、区長が「自ラ着手スルニ非レハ能ハス」という態度であった。[34]

こうした状況の中で田中は、「是ヨリ宗教ノ道ニテ人々ノ智識ヲ開キ権利義務ノ在ル所ヲ知ラシメ度」、すなわち鹿児島で三百年にわたって禁止されてきた真宗を解禁させることで、県下の人々を啓蒙したいと考えるに至る。[35]彼が大山県令に提出した建白書では、「旧来当県ノ義ハ真宗信教ノ厳禁ニテ候処県治之今日ニ至リ天下画一ノ制度ニ帰スヘキ儀ニテ勿論信教ノ自由ヲ束縛被成候儀ハ之レ無カルヘシ」と訴えたという。[36]

この間の事情について、解禁直後に鹿児島に入った西本願寺派の僧侶・暉峻普瑞は、鹿児島での真宗解禁は本山からもたびたび申請したが認められず、内務卿・大久保利通も開教の希望を持ちつつも慎重な態度を崩さなかったが、その後田中直哉が「種々尽力をして、王政維新になつて居るに本県のみが、信教自由の恩典に浴せぬと云ふは、非文明であると、県令大山綱良氏や中央の当局者へも交渉してくれ」、そのうちに宮崎県と鹿児島県が合併することとなったため、宮崎に合わせる形で解禁されることとなったと述べている。[37]鹿児島県から解禁の通達が出されたのは明治九年九月五日のことであった。

解禁を受けて田中は本願寺を訪問、説教僧の派出を願い出て許可され、帰郷して仮説教所を設立しようとしたが、私学校徒の妨害で実現できなかったという。[38]

これについて「憤懣ニ堪ヘス又々上京ノ志相決」した田中が東京に着いたのは、十二月上旬であった。[39] ただ、故郷から伝わってくる情勢は、ますます緊迫の度を増している。同郷旧知の柏田盛文、猪鹿倉兼文、[40] 末広直方[41]と憂慮の念を共にした田中は、「一ハ平日交誼ニ対シ一ハ国家之安危ニ関シ傍観致スヘキ時機無之」「合併区并区会等ノ論且開宗仕懸之事モ有之宜敷都合モアラハ兼テノ宿意ヲ達シ度」として帰郷することを決めたという。[42]

ただ、このときの帰郷には大警視・川路利良の内命も与えられていた。田中自身、十二月二十六日に他の帰郷者と共に川路の旧邸に行き、「若シ一朝鹿児島ニシテ暴発スルアラハ尋常ノ事ニアラス終ニ日本独立ノ安危ニ関スルアラン何分ニモ速カニ県地ニ帰リ旧里親友相親ムノ情ヲ以テ名モナク義モナキ暴挙ニハ組セサル様ニ尽力致度」と指示されたと述べているが、[43] 実際、現存する「訓諭大要」には、大義名分を説き、挙兵の無謀さを説いて暴発を防止するよう説得することや、諸郷士族の私学校からの離反工作、そして私学校の内情を探索することなどが挙げられている。[44] 田中自身はすでに鹿児島で私学校徒の説得に当たってきた経緯があり、この指示は彼を後押しし、またそれを正当化する役割を果たしたものと考えられる。

なお、後述するように田中は西郷暗殺容疑で捕縛されることとなるが、この訓諭は暗殺について指示しておらず、田中自身、逮捕直後には暗殺計画を自供する口供書に署名しているものの、釈放後の始末書では、この口供書は偽造され暴力をもって拇印を強制されものだとして、暗殺などは「心ニモ不浮事」と主張、九州臨時裁判所からは無罪放免の判決を受けている。田中とともに逮捕された中原尚雄らも同様の経緯を辿っており、同裁判所では拇印を強要した中山盛高らが犯行を認め、有罪判決を受けた[45]。暗殺計画そのものが存在しなかったかどうかはなお判然としない[46]が、田中が暗殺を企てていたと考えることは難しい[47]。

ともあれ、自らの憂慮と川路の指示を得て明治十年一月十日、田中は横浜から神戸、長崎を経て川内に着いたが、そこでは私学校徒の勢力がさらに拡大し、武器弾薬を蓄えて暴発寸前の鹿児島に際会することとなった。「合併区会開教着手等ハ迚モ行ハル、景況ニ非ルノミナラス県地ヨリ上京ノ者ニ承候ヨリハ一増甚敷勢ニテ我住所ナレトモ居ルニ居ラレヌ景況」であったという[48]。

そして二月五日、彼は末広とともに西郷隆盛暗殺計画の容疑者として逮捕されることとなる。逮捕直後には田中らが暗殺計画を自供したという口供書が各所に頒布され、鹿児島県下では「愚夫愚婦ニ至ル迄信セサル者ナシ[49]」という状態になった。西郷隆盛は「今般政府へ尋問之筋有」として挙兵するが、それは暗殺計画について質すことを名目としていた[50]。

三、柏田盛文の思想と行動

さて、田中が鹿児島に下る前に「色々憂慮談話」し、「嘗テ親敷交際致シ居リ候竹馬ノ友[51]」と呼んだ柏田盛文は、田中より二年年長、嘉永四年三月、薩摩藩士・柏田恕兵衛の長男として、同じ鹿児島県薩摩郡平佐村に生まれた[52]。生家の正確な場所はわからないが、のちに慶應義塾に入社した際（明治七年）の住所は、「鹿児島県第二十九大区一番小区薩摩郡平佐村十三番地[53]」となっており、鹿児島に帰って九州改進党の設立に参加した際（明治十四年）の住所[54]も同じであることから、ここが生家だと推定される。

柏田家は桓武平氏を祖とし、初代盛宗が日向国宮崎郡柏田郷を領して柏田と称したことをもって起源とする。二代盛鏡が文禄四年に北郷三久に仕えて薩摩国薩摩郡平佐村に移り、以後一時期を除いて代々、北郷家の役人を務めた。盛鏡の後、盛俊、盛重、盛利、盛親、盛堅、盛興、盛香、六太夫、恕兵衛と続き、盛文はこの六太夫の末孫にあたっている。[55]

幼少期の柏田は、北郷久信が家臣の文武奨励のために設けた「広才館」「講武館」といったところで学び、特に漢籍を学び漢詩の世界に親しんだようである。[56] 十六歳で迎えた戊辰戦争では藩兵小頭を務めて皇居の守備にあたったといわれる。その後明治四年二月、薩長土三藩に御親兵召集の命令が下されると、第一大隊第六小隊に編入された。[57] 御親兵が明治五年三月に解散されると鹿児島に帰り、明治七年七月に「遊学ノ為メ県下ヲ発足」、明治七年九月十七日、有馬武を保証人として慶應義塾に入社している。[58]

安政五年に福沢諭吉が江戸中津藩邸に開いた蘭学塾から発展した慶應義塾は、この頃、入社、塾内生活、カリキュラムなどの詳細を定めた「慶應義塾社中之約束」の制定、外国人教師の雇用、「正則」「変則」の教育課程の整備など教育環境の充実が図られており、大阪、京都、徳島には分校を設置、全国の公立私立学校に多数の教員を派遣するなど、「日本における英学の一手販売ともいうべき学塾」となっていた。[59] 福沢自身もちょうど『学問のすゝめ』を刊行中で、啓蒙思想家として強い影響力を発揮していた。

こうした中で入社した柏田は、当初「変則」科に籍を置き、のちに「正則」「変則」制度の廃止とともに、「本科」に移っている。[60] 彼が学んでいたのは「リードル 文典 地理書 究理書 歴史 修身論 経済書等」だが、当時用いられていたテキストは、「ウィルソン・リードル」「ピネヲ・プライマリ文典」「コルネル・ヒジカル地理書」「ウルーシー・万国公法」「カッケンボス・米国史」「ギーゾ・文明史」「ウエーランド・修身論」といったものであった。[61]

柏田はかなり勤勉であり、慶應義塾の成績表によれば、入学時から明治九年七月まで欠席は一度もなく、成績も優秀で、例えば明治九年四月から七月までの成績は、算術が百点中百点、期末試験は百点中八十八点で、「第二等」クラス（二十七人）で第三位となっている。[62] こうした学業は、民権家としての柏田の思想形成上、大きな意味をもったにちがいない。

明治九年十二月、柏田は慶應義塾を卒業した。[63] そして、同月のうちに鹿児島に帰省する。この経緯について、彼自身は翌年四月に記した「始末書」において、次のように記している。[64] やや長文となるが、重要と思われるので引用したい。

明治七年七月遊学ノ為メ県下ヲ発足イタシ同年九月福沢門ニ入学シ荏苒殆ント三ヶ年ナルニ因リ一旦帰省スヘキ旨屢父母ヨリ申来候故客歳十二月ノ休業ニハ是非暫時帰省シテ老父母ノ憂心ヲ慰度儀ハ既ニ胸衷ニ期シ居中候然ル処同シ十二月上旬ヨリ通路ノ風説ニ鹿児島県下私学校党ハ公然刀ヲ帯ヒ銃ヲ携ヘ或ハ隊伍ヲ組ミ或ハ射撃シ将ニ兵馬ノ上国ニ弄シテ闕下ヲ蹂躙スルノ景状アリト物議頗ル囂然ナリ……今鹿児島ニテ崛起セハ固ヨリ山口・熊本ノ暴動ノ如ク一挙シテ鎮定スル能ハス遂ニハ日本独立ノ安危ニモ関渉スル争乱ヲ醸生スルモ測リ難シ故ニ之ヲ未発ニ防禦シテ独

立之基礎ヲ鞏固ニスルハ我国生国ニ報スルノ一大義務ニ非スヤ且ツ我輩ハ一介ノ書生ト雖モ彼等偏ニ私憤ヲ抱キ怨望ノ余リ国事ノ開進ヲ憤リ自由同等ノ説ヲ悪ミ民権進動欄柵トナル賊軍ヲ起シ治安ヲ乱シ国憲ヲ犯シ堂々タル王師ニ弓ヲ彎クニ方テハ平生ノ情義ヲ重シテ傍観スルニ忍ヒス……何ソ早ク帰県シテ大義名分且ツ利害得失ヲ諄々吐露シテ我輩朋友親戚ニ対スルノ義務ヲ尽クサヽルヤ

武装し、いまや騒然とする私学校徒が決起するなら、「日本独立」を脅かしかねず、また、政府への「私憤」と「怨望」を昂じさせて「国事ノ開進」を憤る閉鎖的・保守的な彼等が挙兵するなら、それは「自由同等ノ説ヲ悪ミ民権進動欄柵トナル賊軍」にほかならない。「独立」と「民権」を脅かす「賊軍」が治安を乱し、「王師」に弓ひく事態を、柏田は傍観できなかったわけである。かくして柏田は、この暴発を阻止すべく「朋友親戚」を説得しようと決意した。民権家としての萌芽がみて取れよう。

当時民権論の論陣を張っていた『東京曙新聞』は三月十四日付の社説「鹿児島叛徒と民権思想」において、私学校徒が「愛慕スル所ハ武士ノ気象ニ在ルヲ見レハ、彼等カ其目的ヲ達シ得テ政治ヲ実行スルニ当リテハ、果シテ何等ノ成跡ヲ我輩人民ニ及ホスヘキ乎」と問い、かかる保守勢力による政治は「武権ヲ今日ニ回復シ、将ニ発達セントスルノ文治ヲ将来ニ障害スルニ至ルヘシ」、そうなれば「民権自由ハ従ツテ地ニ落ツヘキノ時ナリ」と警告した。[65] にもかかわらず、世の民権論者が沈黙しているかのような情勢に同紙は疑問を呈し、翌日付社説「変乱ニ際シテ民権自由論者ノ義務」において、

「民権自由」の重要性、「君民共治」の価値を語り、民権論者はこれを「破壊」させてはならないと論じている。[66] 柏田がもった危機感と使命感も、こうしたところから出ていたものと推測される。

その後柏田は同郷の大山綱介（中江兆民仏学塾）、猪鹿倉兼文（攻玉社）といった書生や、末広直方（警視庁中警部）、田中直哉（評論新聞記者）らと意気投合し、十二月二十八日、横浜を出て海路鹿児島へ向かった。

なお、出航の二日前、川路利良邸で、田中ら帰省する鹿児島県人に対して内命が与えられていたことは先述の通りだが、柏田はこれに参加しなかった。その理由について彼は当時、末広らに次のように述べたという。[67]

我輩今般帰県ハ自身実ニ止マサル志情ヨリ暢発シタル事件ナレハ子等モ今度ノ帰県ハ同シキ情実ヨリ発シタル私事トハ云フモノ、当分在職ノ人々ナレハ遂ニ世上ニ我輩ハ警視ノ為ニ籠絡サレ当政府ノ使役スル処トナルト認メラレテハ甚以残念至極ニ存シ且ツ自身ヨリ他人ニ不羈独立ノ元気自主自治ノ精神ヲ陶冶推揮サセント欲シテ先ツ自身ニ卑屈ノ域ニ陥ルノ景状ニ相成候テハ素志ニ背馳スルノミナラス尓来世上ニ対シテ何ノ面目アランヤ

この帰省はあくまで自発的なものであり、政府に使役されるところとみられては残念至極、「不羈独立ノ元気」「自主自治ノ精神」に反することとなる。柏田は自発的な帰郷にこだわったのである。ともあれ、「日本独立」や「不羈独立ノ元気自主自治ノ精神」を自らの信条とし、「国事ノ開進ヲ憤

リ自由同等ノ説ヲ悪ミ民権進動欄柵トナル賊軍ヲ……傍観スルニ及ハス」として帰郷する彼の態度には、師である福沢諭吉の影響が色濃く出ていると言わなければならない。柏田の慶應義塾在籍中、福沢は『学問のすゝめ』の刊行を重ね、また『文明論之概略』を出版するなど、思想家としての影響力はピークを迎えていたが、たとえば『学問のすゝめ』では「今の学者何を目的として学問に従事するや。不羈独立の大義を求むると言い、自主自由の権義を恢復すると言うに非ずや」と学問の目的を語り、「一国の人民は国法を重んじ人間同等の趣意を忘るべからず」と諭し、「固く法を守って正しく事を処し、或いは政令信ならずして曲を被ることあらば、我地位を屈せずしてこれを論じ、あたかも政府の頂門に一釘を加え、旧弊を除きて民権を恢復せんこと、方今至急の要務なるべし」と民権回復の必要性を述べていた(68)。のちに私学校徒に逮捕された際「汝ハ東京ニ於テ何事ヲ為シ居タルヤ」と問われた柏田は、「福沢ノ書生ナリ」(69)とのみ応えているが、卒業直後の彼にとって、やはり師の影響はかなりのものであったと思われる(70)。

さて、鹿児島に着いた柏田が目にした故郷平佐村は、「東京ニテ吾郷ハ未タニ（私学校に――引用者）入校セサルナラント想像スルト大ニ相違シ既ニ八拾名モ入校シテ其勢焔頗ル熾ン」といった状況であった(71)。これに対して柏田は、「無名ノ暴動」によって「貴重ナル権利ヲ自ラ捨テ心身共ニ同等ノ人間ニ委託シテ疑ハサルハ男子ノ愧ル所ニ非スヤ……ナド、説諭」したが、その効果はなく、「悔悟ノ色ハアレトモ今更約ヲ変シ退校ノ難キヲ憂フ」という反応であったという(72)。

一方、大山と猪鹿倉が加世田郷で行った説得は、一定の成果を得ている。彼らは、私学校徒が政治を矯正するならあくまで「丁寧反復忠諫」すべきであり、暴挙すれば賊となり国安倫理友誼を害することとなる、ここは「我郷独立シ新ニ学校ヲ設立シ教育ヲ盛ニ」して周囲から独立すべきではないか、と説いた。これによって彼らは戸長らの理解を得、「変則学校ヲ設ケ東京ヘ一ヶ年ニ四人ツ、宛遊学セシムルノ儀ヲ決」したという[73]。これは、「私学校分校に対抗して別に一派の学校を建てようと企てたものかとも推測[74]」され、この学校で生徒を教育、東京に遊学させることで、私学校の勢力を削ごうと考えたものと思われる。

かくして二月三日に十九人が私学校を辞めることとなったため、その翌日、柏田、猪鹿倉、大山の三人で「変則学校ノ約束」の草案を作成することとなった。しかし、その草案作成中に武装した私学校徒が押し寄せ、彼らは西郷暗殺計画の容疑者として捕縛されてしまう[75]。柏田によれば、「猪鹿倉宅ニ於テ同人及ヒ大山ト変則学校ノ約束ヲ草シ居リシ央」、三、四十名が「刀ヲ帯ヒ棒及ヒ縄ヲ提ケ」て侵入、猪鹿倉を捕縛したため、柏田が「乱暴狼藉如斯ハ何ソト詰問」したところ、「之モ陸軍大将ヲ暗殺スル同類也」とされ、「硬縛」されたという[76]。

柏田は中原らと同時に口供書を取られ、のちに大審院に提出した始末書において、これは圧迫強制されて捺印させられたものだと証言し、九州臨裁でも「暴力ヲ以テ強捺セシム」と述べて、結局「無構」との判決を受けている。もっとも柏田の口供書は暗殺を自供した中原らのものとは別のもので、ここでは「探偵方トシテ帰省」し、私学校徒の「離間致シ候様、其他ノ儀共ハ末広等ノ指令ニ従フヘキ旨承知」とはあるものの、暗殺計画への直接関与は否定されていた[77]。すなわち柏田が暗殺計画に加わっていたことを示す資料はなく、彼が計画に加わっていなかったのはたしかだと思われる。

さて、彼らが構想していたという「変則学校」の具体的な内容についてはわからないが、明治五年発布の学制第三十条に「当今中学ノ書器未タ備ラス此際在来ノ書ニヨリテ之ヲ教ルモノ或ハ学業ノ順序ヲ踏マスシテ洋語ヲ教ヘ又ハ医術ヲ教ルモノ通シテ変則中学ト称スヘシ」とあり、学制発布後に設立された中学のほとんどはこの変則中学であったといわれる。ここでは学科も漢学や洋学に偏り、修学年限は長短区々で規定の年齢をすぎた生徒を収容していたが、中学のみならず、大学南校ではすでに明治三年に正則変則の制が設けられて、「長年の者変則差許候」としていた。[78]

柏田が入学した当時の慶應義塾でも明治六年に「正則」と「変則」の二課程が設けられており、「正則」を学業年数七年（予備三年、本等四年）の正規の教育課程とし、「変則」は学業年限を定めず、年長者を対象に速成教育を目指すものとしていた。[79] 先述のように柏田自身「変則」に属しており、彼らは私学校徒を年長者に属するものと捉えて、遊学を含めた速成教育を考えたものと推察される。遊学先としても、具体的には彼ら自身が学んでいた慶應義塾や攻玉社、中江兆民の仏学塾などが念頭にあったのであろう。そこにおいて彼らが学んだ新知識を、私学校徒にも伝えたいという希望もあったかと思われる。

この学校構想は柏田等の逮捕によって挫折したが、教育への関心は、柏田のその後の政治生活に一貫していくことになる。

四、戦後の活動――田中直哉の場合――

田中直哉は明治十年三月に解放、右の暗殺計画に関する裁判にかけられ、無罪放免となったのは十二月であった。その後、明治十三年五月に第一回鹿児島県会が開催されると、翌年三月の第二回県議会選挙で薩摩郷から出馬して柏田盛文とともに当選、以後連続四回当選し、明治十四年四月から十六年一月まで、十六年八月から十八年二月までは常置委員も務めた(80)。官有化された山林を共有化するよう働きかけて成功するなど、地元の利益実現にも奔走している(81)。

この間の明治十三年三月十二日、熊本で九州改進党結成大会が開かれ、翌月には、同大会に代表を派遣していた鹿児島の民権結社、自治社と公友会、および農事社が合同して九州改進党鹿児島部を結成している(82)。田中自身、この鹿児島部の幹部（本部議員）(83)となっているが、母体となった自治社の結成にも重要な役割を果たしたようである。鹿児島部設立の経緯を伝える『鹿児島新聞』明治十五年四月二十日付社説は次のように述べている(84)。

> 客歳仲秋川内人田中直哉、延岡人長友小三等ノ諸氏相謀リテ以テ一百余郷ヲ連衡セントシ、勉焉トシテ意ヲ旧友知己ニ伝フ、於是乎有為ノ志士靡然トシ相応シ、未タ旬日ヲ出サルニ既ニ三十余郷ノ同志ヲ得タリ、会田中氏事故アリテ上京セシカ、連合ノ勢ハ愈々盛ニシテ、其同志ノ麑城ニ集会スルコト前後三回ニ至ルニ及ヒ、諸郷連合ノ名ヲ改メテ自治社ト称スル事トハナレリ

田中の「事故」の内容はわからないが、彼らが「一百余郷ヲ連衡セントシ」として結成した「諸郷連合」が改称されて、自治社となったわけである。自治社は自治精神の発起と天賦の権利の保全を主義とし、すべては総会・幹事会の決によって運営するという民権派組織で、社員は三千人に達したと

いわれている。[85]『朝野新聞』明治十四年十二月十八日付論説は自治社結成の動きについて、「鹿児島県人モ亦遂ニ武力ノ範囲ヲ出デテ智力ノ部内ニ入リ自治ノ制度ヲ造リ天賦ノ権利ヲ保全スルガ為メニ熱心奮励スルヤ甚ダアキラカナリ」と評価しているが、[86]実際に西南戦争直前に郷合併、代民区会による壮士教育、暴発防止と真宗解禁による権利義務の周知を目指した田中にとって、諸郷連合の結成と、権利保全、自治精神を目的とする自治社への発展は、ある程度の所願達成であったにちがいない。田中にとって西南戦争は障害ではあったが、これに対処する行動が、戦後の民権運動につながったことになる。

この後、九州改進党鹿児島部は、次章で述べる三州社とともに鹿児島の民権運動を代表していくことになるが、やがて警視総監・樺山資紀を本部長とする郷友会が県内の民権派を警戒して圧力を強め、九州改進党では党員が次々と郷友会に吸収される事態に陥っていった。郷友会は県政において要職を占め、授産事業と教育事業を展開し、支持を獲得していったといわれている。[87]そして明治十八年五月、ついに九州改進党は解党する。この解党直後の六月五日、田中は川内川で入水自殺を遂げている。[88]藤田組贋札事件に井上馨が関与していたため、藩閥政府と政商の癒着に憤慨して自殺に及んだとされているが、この事件はすでに決着して数年が経っており、彼の怒りと絶望は、むしろ消滅した九州改進党に向けられたものではないかと想像される。最晩年の田中の付添役をしていた徳田卯之助の伝記によると、このころ田中は「脳の病」にかかって川内で静養しており、夜中に包丁を探して周りを切りつけたり、布団に火をつけて見入っているような状態で、いつ何をしてもおかしくない状態だったという。田中の精神は、郷友会による民心の回収や九州改進党の消滅という現実の前に破綻し、死は、その結果として到来したものではなかったか。[89]
いずれにせよ、評論新聞時代や西南戦争期にみられたごとく、田中は強烈な信念と行動力をもった人物だったようである。
柏田の「戦後」については、第六章で詳しく検討したい。

五、むすび

従来、竹下弥平の憲法草案が起草された明治八年から国会開設請願書が提出される明治十三年まで、鹿児島において民権運動はみられなかったといわれてきた。西南戦争は民権伸長の阻害要因としてのみ捉えられ、戦後ようやく高まった国会開設の運動も、国事犯が釈放され、戦争の苦難がようやく癒えはじめたころに展開された、とされる。

しかし本章でみたように、西南戦争直前の鹿児島では、東京から帰省した民権家が民会開設を訴え、戦争を抑止しようと努めていたし、この挫折という経験が、戦後の彼らの運動に少なからぬ影響を与えることとなった。中央においてすでに反政府の筆を振るっていた田中直哉は合併区会の設立を企てて失敗し、戦後、自治社、そして九州改進党の設立に関与する。慶應義塾を卒業したばかりでまだ無名であった柏田盛文も、福沢諭吉の思想的影響を受けつつ、私学校徒の説得と勢力の削減を図って挫折。戦後は「専制に対する内乱の勃発」を教訓としつつ、政府と市民との調和、そしてその装置としての政党の重要性を訴えて、自由党幹事、九州改進党鹿児島部の幹部となり、鹿児島の民権家の代表的存在となっていく（第五章参照）。あえていうなら、鹿児島の民権運動は西南戦争によって阻害されたが、しかし、西南戦争を踏み台として展開した、ということになろう。

最後に、前章で論じたことの繰り返しになるが、田中や柏田に少なからぬ影響を与えた慶應義塾および福沢諭吉と、鹿児島の民権運動の関係について一言しておきたい。福沢は西南戦争前後に「明治十年丁丑公論」をはじめとする西郷弁護の言論を展開するなど、鹿児島に強い関心を寄せていた。とりわけ注目されるのは、戦争終結後、福沢が慶應義塾出身で親交のあった市来七之助（野村政明）から「旧鹿児島藩士、今後の方向如何に付き」相談を受け、これに返答する形で書き送った「薩摩の友人某に与るの書」[90]である。この中で福沢は、鹿児島士族の性質、風俗、藩風などについて述べ、これを「薩摩の士族は、古来の習慣に於て門閥の念慮少なく、専ら自身の働きに依頼するの風を残したるもの」と整理した上で、次のように鹿児島における民会開設に期待を寄せている。

今薩の旧士族は……古来仲間の約束を以て体を成し、自から作たる約束を自から守り、其約束を以て進退を共にし栄辱を共にしたるものにして、其精神は今尚依然たり。取りも直さず民庶会議に欠く可らざるの元素なれば、今より益この元素を発達して之を文飾し、主として学問に心を寄せて工業を怠らず、腕力の剛勇に兼るに智力の穎敏を以てし、軽挙暴動の念を抑圧して平和の方向を定め、士族に始り農商に及ぼし、全国の人民これに勉強して怠ることなくば、民庶会議の如きは数年の内に整頓して、他国に於て百年の事業も薩摩に於ては十年に効を奏す可し。是れ即ち余輩が該士族の為に謀て、其性質を衆庶会議の事に適する者と認め、以て今後の方向とする所なり。

福沢は、門閥にこだわらず横の連帯を重視する薩摩士族の気風こそが民会に適合するとして、その実現を「今後の方向とする」のであった。

こうした福沢の意を受けた市来は明治十五年二月、これも福沢の同意を得て『鹿児島新聞』を創刊、同紙は九州改進党鹿児島部の機関紙的存在となっていった。その初代主筆を務めた元吉秀三郎も中津市学校と慶應義塾を出た人物で、彼を市来に推挙したのも福沢である。(91) 田中や柏田の行動について福沢が直接関係していたかどうかはわからないが、福沢の思想と支援、そして育てた人材が、戦後の鹿児島の民権運動を支えたことはたしかである。柏田が福沢の影響を強く受けていたことは前述の通りであり、田中もまた慶應義塾に学び、『鹿児島新聞』や九州改進党は、彼らにとって重要な活動の舞台となった。

鹿児島で民権運動が本格化する明治十三年に至るまでの数年間に、西南戦争という挫折と再出発の契機があり、また人材と思想が練られ、それらが、戦後の民権運動の礎を築いていったのである。そして、かの私学校徒の中からも民権結社は生まれていくことになる。この件については第五章で論じよう。

註

（1）薩藩史料調査会編『鹿児島県政党史』（薩藩史料調査会、大正七年）、一一頁、鹿児島県議会編『鹿児島県議会史』第一巻（鹿児島県議会、昭和四十六年）、二六三頁、芳即正「鹿児島政党史（一）」（『三州談義』一号、昭和三十二年）、七頁、出原政雄「鹿児島県における自由民権思想―『鹿児島新聞』と元吉秀三郎―」（『志學館法学』四号、平成十五年三月）、七六頁。

（2）前掲『鹿児島県政党史』、一一―一三頁、前掲『鹿児島県議会史』第一巻、二六三頁。

（3）前掲「鹿児島政党史（一）」、七頁。前掲『鹿児島県政党史』によれば、明治十一年の末に参議・伊地知正治が帰県した際、西郷の残党が彼を擁して起つのではないかと危惧した政府が吉井友実を勅使として派遣し、伊地知を連れ戻したという（一二頁）。

（4）竹下弥平については、吉田健一・鶴丸寛人「竹下弥平の出自と明治私擬憲法草案への明六社の思想的影響について」（『鹿児島大学稲盛アカデミー研究紀要』六号、平成二十七年十一月）、参照。

（5）新井勝紘「最初の民間憲法草案」（『自由民権百年』四号、昭和五十六年七月）、参照。

（6）前掲「鹿児島県における自由民権思想―『鹿児島新聞』と元吉秀三郎―」、七六頁。

（7）自由民権百年全国集会実行委員会編『自由民権運動研究文献目録』（三省堂、昭和五十九年）、二二九頁、「鹿児島」の項、参照。

（8）前掲「鹿児島県における自由民権思想―『鹿児島新聞』と元吉秀三郎―」、九五頁。

（9）前掲『自由民権運動研究文献目録』、およびこの目録作成以降に刊行された民権運動研究文献を整理した国立歴史民俗博物館の「自由民権運動研究文献目録データベース」（平成二十九年一月十二日閲覧）などをみても、註（1）で挙げた研究のほかには、芳即正「鹿児島学校と三州義塾」（『鹿児島純心女子短期大学研究紀要』一三号、昭和五十八年一月）、など数点を挙げうるに過ぎない。

（10）前掲「鹿児島県における自由民権思想―『鹿児島新聞』と元吉秀三郎―」、久米雅章「明治初期の民権運動と士族」（川嵜兼孝他著『鹿児島近代社会運動史』南方新社、平成十七年、所収）。

（11）「改進党党員名簿 鹿児島県」（「樺山資紀文書」国立国会図書館憲政資料室蔵、所収）。

（12）川内郷土史編さん委員会編『川内市史』下巻（川内市、昭和五十五年）、一〇〇三頁。慶應義塾福沢研究センター編『慶應義塾入社帳』第一巻（慶應義塾、昭和六十一年）に「田中直哉」の名はないが、明治四年九月八日付で「田中太良助」なる人物が入社しており、出身地・身分・年齢が一致するため、おそらくこれが直哉だと思われる。保証人は福沢諭吉（四四五頁）。田中については、尾曲巧「田中直哉―大西郷に抗った薩摩川内平佐の民権論者―」（仙波玲子編『鹿児島純心女子大学国際文化研究センター・新薩摩学シリーズ9　新薩摩学　知られざる近代の諸相　変革期の人々』南方新社、平成二十五年、所収）、も参照。

(13) 田中直哉「新聞条例讒謗律ノ禁獄所刑ヲ廃シテ罰金所分ヲノミ存シ新聞記者投書家ノ禁獄人ハ贖罪ヲ以テ悉ク放免スヘキノ上書」(「記録材料・建白書仮綴」国立公文書館蔵、所収)。
(14) 神代種亮「評論新聞解題」(明治文化研究会編『明治文化全集』第五巻・改版、日本評論新社、昭和三十年)、一六頁。
(15) 美土路昌一編著『明治大正史 第一巻 言論編』(朝日新聞社、昭和五年)、五七頁。
(16) 前田愛『成島柳北』(朝日新聞社、昭和五十一年)、二四一頁。
(17)『評論新聞』明治八年十一月、第三四号。
(18)『評論新聞』明治九年一月、第五八号。
(19)『評論新聞』明治九年一月、第六七号。
(20)『評論新聞』明治八年十一月、第四一号。
(21)『評論新聞』明治九年一月、第六三号。
(22)『評論新聞』明治九年二月、第六八号。
(23)『評論新聞』明治九年二月、第七二号。
(24) 前掲『明治大正史 第一巻 言論編』、五八頁。
(25) 前掲『明治大正史 第一巻 言論編』、七三―七七頁。
(26)『朝野新聞』明治九年六月十五日付。
(27) 次に取り上げる明治九年四月提出の建白書中で田中は、「本月十日放免ヲ蒙リ」と述べている。
(28) 前掲「新聞条例讒謗律ノ禁獄所刑ヲ廃シテ罰金所分ヲノミ存シ新聞記者投書家ノ禁獄人ハ贖罪ヲ以テ悉ク放免スヘキノ上書」。
(29)「始末書　田中直哉」(「単行書・鹿児島征討始末　別録二」国立公文書館蔵、所収)、参照。西郷暗殺疑惑で逮捕された田中らは三月十日に救出され、東京に護送、前県令・大山綱良の引合人として大審院の取り調べを受けた。この始末書はその際に提出したものである。以下に引用する柏田盛文、大山綱介、猪鹿倉兼文の始末書についても同様。
(30) 前掲「始末書　田中直哉」。
(31)「建議及所見陳述書類」(我部政男・広瀬順晧・西川誠編『明治前期地方官会議史料集成』第一期第七巻、柏書房、平成八年、所収)、五一―五三頁。
(32) 渡辺隆喜『明治国家形成と地方自治』(吉川弘文館、平成十三年)、第一章、第二章、参照。
(33) 前掲『鹿児島県議会史』第一巻、二一頁。
(34) 前掲「始末書　田中直哉」。

(35) 前掲「始末書　田中直哉」。
(36) 前掲「始末書　田中直哉」。
(37) 藤等影『薩摩と真宗』(興教書院、大正五年)、二〇七―二一一頁。以上、拙著『近代日本の戦争と宗教』(講談社選書メチエ、平成二十二年)、七六―八三頁。
(38) 前掲「始末書　田中直哉」。
(39) 前掲「始末書　田中直哉」。
(40) 猪鹿倉兼文は鹿児島県加世田郷士族。戦争前は攻玉社に学びながら警視庁の書記を務め、西郷暗殺事件容疑者として逮捕されたが、のち地方官吏となり、沖縄県警部長、同会計主務、長野県書記官などを務めた(「官吏進退・明治十九年官吏進退二十八・府県六」国立公文書館蔵、など、参照)。
(41) 末広直方は田中直哉の実兄で、鹿児島県平佐郷士族。明治七年に警視庁に入り、のち西郷暗殺事件容疑者として逮捕されたが、釈放後警視庁に戻り、鹿児島県会議員、香川・高知両県知事などを務めている(前掲『川内市史』下巻、一〇〇三頁)。
(42) 前掲「始末書　田中直哉」。
(43) 前掲「始末書　田中直哉」。
(44) 鹿児島県編『鹿児島県史』第三巻(鹿児島県、昭和十六年)、九〇二―九〇三頁。
(45) 前掲「始末書　田中直哉」、「公文録」(国立公文書館蔵)明治十年・旧征討総督府伺。
(46) 暗殺計画の首謀者とされる中原尚雄も逮捕直後の口供書では暗殺を認め、のちにこれは自白を強制されたものとして否定している。ただ、中原と接触した探偵・谷口登太や九州臨裁の裁判官の証言によると、中原は、西郷が説得に応じない場合は「刺違へるより外なし」と「覚悟」を示す発言をしたとされ、中原自身もこれは否定していない(前掲『鹿児島県史』第三巻、など、参照)。ただ谷口は明治四十三年になって、この証言は裁判所との取引によって捏造したもので、実は中原は暗殺の決意を述べたと語ったという話もある(加治木常樹『薩南血涙史―西南戦争史料集―』青潮社、昭和六十三年復刻)。いずれにせよ、前掲『鹿児島県史』第三巻が指摘するように、当時の緊迫した情勢下で「暗殺」ならずとも「刺違へる」といった報告がなされれば、それが私学校徒に「暗殺」と同様の重大かつ深刻な影響を与えたことは想像されよう(九一四頁)。
(47) 西郷暗殺計画の存在を肯定する前掲『薩南血涙史―西南戦争史料集―』によると、田中の帰郷後、県下の巡査が「田中直哉が在京の同志に寄せんとせる」書簡を入手し、そこには「尋常手段を以て鎮撫すること」が難しい場合は、火薬庫に放火して城下を混乱させ、「西郷、桐野、篠原以下四十余人を刺殺し一挙事成るを期せん」との意があったとしている(二八た可能性が高い。

一二九頁）。ただ、田中自身はこうした計画を否定しており、のちに取り上げる柏田盛文、大山綱介らの変則学校草案も「此草稿ヲ城下放火ノ書ナリシト流言セシ由」（「始末書　大山綱介・猪鹿倉兼文」前掲「鹿児島征討始末　別録二」、所収）ということから、田中らに示された川路の訓諭が誇張されて伝えられたものとも考えられる。田中と共に川路邸での会合に参加した樋脇盛苗は訓諭の草案を持っていたと言われており（前掲『鹿児島県史』第三巻、九〇四頁）、田中もこれを持ってい

(48) 前掲「始末書　田中直哉」。
(49) 市来四郎「丁丑擾乱記」（『鹿児島県史料』西南戦争・第一巻、鹿児島県、昭和五十三年、所収）、一〇〇三頁。
(50) 黒龍会編『西南記伝』中巻一（原書房、昭和四十四年復刻）、一一二〇頁。
(51) 前掲「始末書　田中直哉」。
(52) 前掲『川内市史』下巻、一〇〇一頁。
(53) 前掲『慶應義塾入社帳』第一巻、六八二頁。
(54) 「改進党員名簿 鹿児島県」（「樺山資紀文書」国立国会図書館憲政資料室、所収）。
(55) 竹内理三他編『鹿児島県姓氏家系大辞典』（角川書店、平成六年）、五五一頁。
(56) 入来院貞子「柏田盛文について」（『千台』三二号、平成十六年三月）、七六頁。
(57) 『日本現今人名辞典』（日本現今人名辞典発行所、明治三十三年）、「か」八八頁、宮崎十三八・安岡昭男編『幕末維新人名事典』（新人物往来社、平成六年）、二七八―二七九頁、大植四郎編『明治過去帳―物故人名辞典　新訂版―』（東京美術、昭和四十六年）、一一六八頁、参照。
(58) 前掲『慶應義塾入社帳』第一巻、六八二頁、「始末書　柏田盛文」（前掲「鹿児島征討始末　別録二」、所収）、参照。
(59) 慶應義塾編『慶應義塾百年史』上巻（慶應義塾、昭和三十三年）、三三七―五八二頁。
(60) 「慶應義塾学業勤惰表」（慶應義塾福沢研究センター編「福沢関係文書」、所収）。
(61) 前掲『慶應義塾百年史』上巻、四一九―四二三頁。
(62) 前掲「慶應義塾学業勤惰表」。慶應義塾の学業課程は頻繁に変更されているが、例えば明治九年時には「本科」が第一等から第五等までに分けられ、これ以外に「予備大人科」と「予備童子科」が設けられていた。なお、柏田の卒業は明治九年十二月だが、同年八月から十二月までは成績記録が現存していない。
(63) 慶應義塾福沢研究センター編「福沢関係文書」名簿類。
(64) 前掲「始末書　柏田盛文」。
(65) 『東京曙新聞』明治十年三月十四日付社説。

(66)『東京曙新聞』明治十年三月十五日付社説。
(67) 前掲「始末書　柏田盛文」。
(68) 福沢諭吉『学問のすゝめ』(岩波文庫、昭和六十二年)、参照。
(69) 前掲「始末書　柏田盛文」。
(70) 千葉昌弘氏が指摘するように、民権家の政治思想と活動の形成を分析するにあたって、その学習経験に着目することは重要かと思われる(千葉昌弘「坂本直寛(南海男)における自由民権思想の形成—立志学舎における政治教育—」『高知大学教育学部研究報告』第一部四三号、平成三年、一二七頁)。
(71) 前掲「始末書　柏田盛文」。
(72) 前掲「始末書　柏田盛文」。
(73) 前掲「始末書　柏田盛文」。
(74) 前掲『鹿児島県史』第三巻、九〇八—九〇九頁。
(75) 前掲「始末書　大山綱介・猪鹿倉兼文」。
(76) 前掲「始末書　柏田盛文」。
(77) 以上、前掲「丁丑擾乱記」、九三〇頁、前掲「始末書　柏田盛文」、前掲「公文録」明治十年・旧征討総督府伺。
(78) 山内太郎「正則中学・変則中学」(日本近代教育史事典編集委員会編『日本近代教育史事典』平凡社、昭和四十六年)、一〇〇頁、前掲『慶應義塾百年史』上巻、四〇九頁。
(79) 前掲『慶應義塾百年史』上巻、四〇七—四三二頁、参照。なお、中江兆民の仏学塾でも正則課程のほかに「所謂変則ノ名ヲ以テ究意正則ノ実ヲ獲ル」課程が設けられており、攻玉社でも正規の授業以外に課外の特別講義、夜間、日曜の講義が行われていた(手塚竜麿『東京の各種学校』都史紀要一七、昭和四十三年、六〇—六一頁、および攻玉社学園編『攻玉社百二十年史』攻玉社学園、昭和五十八年、三四頁、参照)。
(80) 鹿児島県議会編『鹿児島県議会史』別冊(鹿児島県議会、昭和四十六年)、第一編「名簿」、参照。
(81) 宮内吉志編『平佐の歴史』(財団法人寺山維持会、昭和六十二年)、一二六—一二七、三三一頁。
(82) 水野公寿「九州改進党の結成について」(『近代熊本』二二号、昭和五十八年九月)、六三—六七頁、芳即正「九州改進党鹿児島部と郷友会の会員分布」(『鹿児島史学』十七号、昭和四十六年)、四三—四五頁、参照。
(83) 水野公寿「九州改進党覚え書」(『近代熊本』一一号、昭和四十五年九月)、三八頁。
(84)『鹿児島新聞』明治十五年四月二十日付社説。
(85) 前掲「九州改進党の結成について」、六四—六七頁。

（86）『朝野新聞』明治十四年十二月十八日付論説。
（87）前掲『鹿児島県政党史』、五六頁。
（88）前掲『川内市史』下巻、一〇〇三頁、前掲『鹿児島県姓氏家系大辞典』、四〇四頁、前掲「田中直哉―大西郷に抗った薩摩川内平佐の民権論者―」、一三七頁。
（89）釈微笑『徳田卯之助伝』（七宝樹林舎、昭和七年）、二〇―二九頁。以上、前掲『近代日本の戦争と宗教』、一〇〇―一〇二頁。
（90）第三章註（22）参照。
（91）前掲「鹿児島県における自由民権思想―『鹿児島新聞』と元吉秀三郎―」、田中明子「サー・エドワード・リードの来日と慶應義塾訪問―市来七之助と福沢諭吉―」（『福沢手帖』九九号、平成十年十二月）、および南日本新聞社南日本新聞百二十年史編纂委員会編『南日本新聞の百二十年』（南日本新聞社南日本新聞百二十年史編纂委員会、平成十三年）、三〇九―三一五頁、参照。

第五章　旧私学校徒の民権運動
――戦後の鹿児島の民権家①――

一、はしがき

明治十五年（一八八二）三月、九州における民権各社が熊本に結集し、九州改進党を結成した。鹿児島県下では翌月、農事社、自治社と公友会が合同して九州改進党鹿児島部を組織し、同県の自由党系勢力を代表することとなる。この鹿児島部に対抗する形で登場したのが、旧私学校系勢力が設立した三州社であり、「こうして鹿児島には三州社と九州改進党鹿児島部が、いわゆる民権党として出現、その勢力の拡張をはかり県下を風靡した」(1)といわれる。

従来、九州改進党に関する研究の蓄積は厚く、水野公寿氏、新藤東洋男氏などの数多い業績があり(2)、また鹿児島部についても芳即正氏が「九州改進党鹿児島部と郷友会の会員分布」（『鹿児島史学』一七号、昭和四十六年三月）において、その実態を検証している。本書においても次章で同党について触れることになるが、一方、三州社については単独で取り上げた論文はみあたらず、薩藩史料調査会編『鹿児島県政党史』（薩藩史料調査会、大正七年）および鹿児島県議会編『鹿児島県議会史』第一巻（鹿児島県議会、昭和四十六年）に関係する記述がみられるほか、芳即正氏が「鹿児島学校と三州義塾―史料と政治的背景についての考察―」（『鹿児島純心女子短期大学研究紀要』一三号、昭和五十八年一月）において三州社の教育機関であった三州義塾について詳細に論じ、また三州社の設立経緯や組織について扱っているものの、活動の実態や中央政府との関係については十分明らかになっているとはいい難い。

そこで本章では、右の研究成果を踏まえながら、我部政男編『明治十五年・明治十六年　地方巡察使復命書』上巻（三一書房、昭和五十五年）、『薩藩学事一・鹿児島県師範学校史料（鹿児島県史料集四〇）』（鹿児島県立図書館、平成十三年）、「樺山資紀文書」（国立国会図書館憲政資料室蔵）所収の三州社関係資料のほか、これまで用いられてこなかった長崎県、鹿児島県から内務省警保局長宛の探偵報告書[3]などを用いて、三州社の実態、および中央政府との関係について詳しく論じたいと考える。

かつて猪飼隆明氏は、西南戦争を近世の終幕としてのみならず近代の出発として分析する研究の必要性を提起し、「特に自由民権運動をはじめとする諸運動や、その後の政治過程において、かつて尊攘・討幕運動を闘った士族がいかなる役割を果たしているかについては、九州全体の研究課題ではないか」と述べたことがある。[4]三州社は、薩軍の幹部であった河野主一郎を首領とし、私学校の残存資金を基として設立された「第二の私学校[5]」ともいうべき士族結社であった。その意味で、三州社は西南戦争と民権運動とを直接につなぐ性質をもっており、その実態の検討を通して、西南戦争の震源地・鹿児島における近世と近代の政治運動の「接点」を探求する端緒としたいと考えるものである。

二、三州社の設立

明治初年の士族結社について升味準之助氏は、士族授産事業や教育事業、対外戦争の従軍志願を目的として設立されたものが一般的であり、これらの多くは、西南戦争の決着によって武力反乱が潰えると急速に政治化していったと指摘している。[6] 三州社もまた士族授産と教育事業にはじまり、やがて政治化するという過程を辿った。[7]『鹿児島県政党史』は、三州社設立の会合が開かれたのは明治十四年末であったとして、その時の様子を次のように記している。[8]

河野が帰つて来ると、待ち構へて居た薩軍の残党、伊東祐高、中原万次、河野半蔵、美代助左衛門、樺山資美、伊地知壮之助、児玉軍治など云へる連中が、河野を主盟に推して、三州社の設立を発起した、そして松原神社内の中教院で会合したのである。

「河野」とは、西南戦争で大隊長を務めて西郷の助命嘆願にもあたり、逮捕されて懲役十年の刑に処せられた河野主一郎のことで、ちょうどこの頃、特赦で出獄したところであった。[9]「薩軍の残党」が彼を「待ち構へて居た」というのは、以下の事情による。すなわち当時、野村忍介を中心にして「県下ノ年少子弟ヲ育成シ、文教隆盛ノ基礎ヲ今日ニ築カン[10]」ために鹿児島学校の設立協議が進められていたが、同校は県庁から設立資金として旧兵隊余剰資金を支給されることとなっていたため、これついては旧軍関係者の意見も徴すべきであるとする一派が生じた。彼ら、すなわち「薩軍の残党」は元近衛陸軍士官で薩軍の幹部でもあった河野の帰郷を待つこととなるが、結局このまま公立鹿児島学校が開校したため、これとは別の私立学校設立が企てられることとなる。その設立団体を母体として結成されたのが、三州社であった[11]。

詳しい経緯をみておこう。学校設立にあたってまず課題となったのは、資金であった。右の会合も資金問題を契機として開催されることとなるが、この間の事情について中原万次と河野半蔵は、明治十四年十一月、会合開催に際して発した通知において次のように述べている[12]。

先般私立校設立致度、資金渋谷国安江示談ノ末、金筋共有之名義ヲ以テ取立候云々御協議ニ及通之処、今般右金員内田正風氏ヨリ渋谷・松元両氏ヘ尋問書到来、其性質担当ノ園田彦左衛門ヘ照会ニ被及候処、同人回答頼、我々共方江猶照会ノ筋有之、全ク嶋津家ヘ属ス可ク金筋ニ無之ハ勿論、共有之名義モ無之、専ラ園田氏等ノ私社共金ニ断然致シ……共有ノ名義ハ消滅相成候……尚々、園田等ノ私社金寄附差出相成候ニ付、先キ御協議通、私立校設立ノ賦、依テ御同盟ノ方ハ惣代ニシテ一両名、来ル十二月廿六日中教院ヘ御出会給候様致度、其砌委任其他教師雇入等百事可及御服議候、此段者書添ヲ以得御意候

当初、学校設立資金としては、元鹿児島県令・大山綱良が承恵社の喜入嘉之助、園田彦左衛門、渋谷国安らに託した金を用いる計画だった[13]。しかし右の資料にみられるとおり、島津家の家令・内田正

風から、この金は島津家のものではないかと疑義が呈されたため、これは園田らの「社共金」であると回答、これを受けて十二月二十六日の会合が開かれることとなったわけである。これが、三州社結成の会合であった。すなわち資料中の「同盟」が三州社の母体となったものと考えられ、それは学校設立のための有志結社ともいうべきものだったのである。[14] 帰郷した河野はこの資金問題と会合開催について各方面に通知する役割を担っており、[15] 二十六日の会合で「会議の半ばに至て資金の一段に為ると、異論が沸騰した」際には、「此の金はそんな性質のものではないから、自分等は三州の子弟を教養する途に於て、任意に使用しますから左様御承知を願いたい」と怒号して、まとまりをつけたという。[16]

かくして学校が設立されることとなり、明治十五年三月、それは「三州義塾」として県庁から開学を認められた。三州義塾については芳氏の詳細な研究[17]が存しているためこれに譲り、次節では三州社の実態についてみていきたい。

三、三州社の活動

三州社の母体となった「同盟」の内容については、「樺山資紀文書」中にある「同盟中約束並校則諸事」と題する資料が、それを伝えている。その第一条では、[18]

同盟中ハ一身同胞ノ如ク相互ニ信義ヲ重ンシ卑屈ニ安ンゼス人々愛身ノ情有ルハ天性ノ然ラシムル者タルヲ以テ愛身ノ情有レハ愛国ノ情有ルハ勿論ナリ因テ共ニ与ニ権理幸福ヲ謀リ結合交際親

愛ノ道ヲ尽シ廉恥ヲ重ンシ人間本分ノ義務ヲ尽サンコトヲ期スベシ農工商ノ業ト云ヘトモ義気道徳ヲ主トサセ□悉ク詐偽ニ出ツ大ニシテハ国辱ニ関シ且同盟者ノ醜辱ヲ来ス小ニシテハ一家一身世ノ容レザル所トナル若シ同盟ノ約束ヲ犯ス者アレハ交リヲ絶ツベシ

と規定されており、同盟員の互助、授産を目的としていたことがわかる。第五条では、「庁下ハ一ニシ各連帯ノ郷々ハ一ニスベシ」として、鹿児島城下と複数郷の連合とに組織を分け、その上で同盟員が毎月五銭ずつを積み立て、同盟員やその家族に死者が出た場合や非常時、伝染病予防等のために支出する「恵投金」とすることなどが定められている。あわせて、学校への教師雇用、生徒指導、校内での禁酒、討論、門限、留学などについても規定した。これは先述の三州義塾に関する規定であると思われる。[19]いずれにせよ、互助、授産、教育が一体となった組織であったことがうかがえよう。これを構成したのは「薩軍の残党」だったが、特に城下士出身者を中心としており、これに対して外城士族（郷士）出身者で構成されたのが、田中直哉らが結成した自治社であった。[20]士族互助団体の色彩が強い以上、旧藩時代の城下士・郷士の関係が反映されているのも理解されよう。

先の明治十四年十二月の会合を経た後も「三州社」の名称はしばらく用いられなかったが、翌年四月三十日に社則が定められて以降、「三州社」としての活動がはじまっている。[21]当時の三州社について、同年四月から七月にかけて地方巡察使として九州各地を巡回した渡辺昇（参事院議官）は三条実美太政大臣に提出した報告書（七月三十一日付）において、次のように記している。[22]

河野ハ三州社ナルモノヲ私立シ節義ヲ研磨シ徳育ヲ重ンシ子弟ヲシテ軽躁ニ流レセシメサルヲ目的トス乃チ概県下一般ノ人心ヲ収攬シ基礎ヲ鞏固ニシ漸次歩ヲ進メ国家ノ為ニ力ヲ尽スニ在リ……其人員凡三千ニ超過セリ本年三月熊本自由会ニ於テ三州社委員上村精ノ助《ママ》後体《ママ》院良望等其会ノ挙動過激ニ渉ルヲ憎ミ為メニ言ヲ設ケテ以テ政党同盟ヲ謝断シ当時筑後久留米ノ筑水会委員師富進太郎モ上村等ト同感ニテ該会議ニ列セス其縁故ヲ以テ五月上旬師富外壱名三州社ニ来リ連合ノ約ヲ結フニ及ヘリ又四月三十日社則ヲ議定シ一層鞏固ナランコトヲ図リ尋テ日向地方ヲ遊説シテ党員ヲ募ラントス……日州地方ニ至テハ高鍋ナリ佐戸原ナリ其情勢絶テ政治上ノ思想ヲ有セス方向ヲ知ラサルモノニ似タリ然レトモ今ヤ三州社改進党互ニ同志募集ニ汲々トシ社員ヲ派遣シ之ヲ鼓動スルノ央ナレハ孰レニ左袒スルヤ知ル可ラスト雖モ概地方ノ人心ヲ察スレハ多クハ河野ノ着実主義ニ帰スルナルヘシ

これによって、三州社が河野を中心に結成され、教育を重視した組織であったこと、明治十五年三月の九州改進党結成大会に委員を派遣したものの「挙動過激」とみてこれに参加せず、筑水会と連合したこと、そして同年四月三十日に社則を定めて組織強化を図ったことがわかる。さらに、「政治上ノ思想有セス方向ヲ知ラサル」という状態だった日向地方で積極的に遊説して会員募集を行うなど、右の「同盟中約束」ではみられなかった政治的な色彩も出ていたこともみて取れよう。社則の全文はわからないものの、同年六月の渡辺の報告書では「客月三十日惣会議ヲ開キ帝室ヲ奉戴シ立憲政体ヲ確立スル等ノ要領其他規則ヲ議了シ[23]」とあり、また『鹿児島県政党史』は三州社の「主義綱領」として、「徳義を貴び、廉恥を重んじ、為すこと純正着実なるべき事」、「完全なる立憲政体を確立するを以て目的とすること」[24]と伝えていることから、帝室奉戴や徳義廉恥、立憲政体の確立といった項目を掲げていたものと考えられる。九州改進党結成大会では同党の「挙動過激」を嫌って「着実主義」を説いたというから、漸進的な立憲政体論を旨としていたのであろう。

三州社が政治結社化した時期と理由は定かでないが、上村精之介と後醍院良望が「三州社委員」として、いわばその政治的側面を代表して九州改進党結成大会に参加していることからも、すでにこの時期には立憲政体を目指す立場にあったことがうかがえる。彼らは明治十三年三月に他三名とともに元老院に国会開設を請願した[25]鹿児島の民権運動の草分け的存在であった[26]。この請願から二年、さらに鹿児島で国会期成同盟が結成され、柏田盛文が鹿児島県下三千五百人の総代として国会開設の建白書を提出（次章参照）してから一年半が経ち、いまや九州の各結社が結集して九州改進党が組織されるという情勢は、元私学校徒をして、急進的な立憲政体樹立を忌避しつつも、漸進的立憲君主制を追い求めさせるところまで、その政治的意識を高揚させていたのであろう。その高揚は、綱領に「完全なる立憲政体」の確立を織り込む段階にまで達していた。また久米雅章氏によれば、西南戦争に参加して国事犯となり、監獄中で民権思想に触れて政治運動に傾斜していった大磯徳武のように、「市ヶ谷監獄の監獄で過ごし、民権思想を体得し、西南戦争で負けたという屈辱を政治運動に託して生きる姿」を見せた人々がおり、他にも、西南戦争で辛酸をなめ、戦後は明治学院を経て鹿児島復興のために帰郷、言論自由の必要性を感じて民権家となっていった折田兼至など、敗戦を教訓や契機として民権運動に加わる例があったという[27]。三州社に参加した元私学校徒のなかにも、こうした経験を得ていた人物がいた可能性もあり、それもまた、同社の政治化の一因となったかと思われる。

かくして、従来士族授産と教育を主義としていた「同盟」を母体に設立された三州社は政治結社として台頭し、その政治性は九州改進党に対抗する形で顕在化していった。そしてこの政治性こそが、政府の警戒するところとなっていく。以下に、政府側の警戒について述べたい。

明治十六年四月から七月まで四国九州地方巡察使として派遣された山尾庸三（参事院議官）は十月の太政大臣宛報告書において、次のように伝えている。(28)

　三州社ハ河野主一郎ノ首唱ニシテ其主義ハ教育授産ニ在リト称シ其社則ニ就テ看ルモ聊カ政社ノ性質ヲ帯ヒスト雖トモ其精神ノ如何ヲ問フトキハ旧私学校ノ跡ヲ追フモノニシテ果シテ政社タラザルト否トハ保シ難シ該社モ郷友会創立後ハ稍衰兆アリト雖トモ改進党ノ如ク支離壊滅ニ至ラス其結合依然タル景況ナリ

発足から一年後の三州社は、後述する郷友会の影響で勢力に「衰兆」はみられるものの、なお「結合依然タル」状態であったようである。この時点で、三州社が政社かどうか疑わしいとする山尾の筆致に、警戒の色はみえない。

しかしこの約半年後、明治十七年二月十三日に鹿児島県令代理大書記官・上村行徴から警保局長に提出された報告書(29)は、やや趣を異にしている。ここでは冒頭で、「三洲《ママ》社ノ主義ハ固ヨリ旧守党ヨリ成立チタル者ト雖モ今日ニ至リテハ自由及改進ノ主義ヲ含メリ」と述べ、その根拠として社員が各府県の「政党ノ巨魁」と接触していること、社員・根古丈助が土佐、紀伊、丹波、大和、長門などを巡回してきたことなどを挙げて、「自由或ハ改進ノ方向ニ転スルハ明白ナリ」と結論した。「板垣トハ未タ交際ナシ将来之ト交際ヲ求ムルノ見込ナリ」として板垣退助との連携も予測している。同報告書では、「各郷村ノ各戸長学校教員タル者及ヒ県会議員等ヲ過半吾カ党ヨリ出シ県下一般ニ吾主義ヲ振起シ党員洽ネカラシメン」との「三州社重立タル者ノ意見」も伝えられており、三州社の勢力がかなり拡張しつつあったことをうかがわせている。

この翌日、長崎県令・石田英吉からも警保局長に三州社に関する内偵報告書[30]が提出された。ここでは「三洲《ママ》社員ハ大概ネ三四千人モ有之由……世事ニ暗ク是非ヲ弁セサルヤ勿論唯人ニ従屢雷同シ一ノ腕力之レ頼ミ以テ自己ノ志望ヲ達セントスル等頗ル野蛮」と、その世間との隔絶、野蛮さを指摘しつつ、次のように警戒している。

> 右社員ノ者同志共謀シ来ル三月頃ヲ期シ（租税未納前ヲ云フ）官署ニ対シテ暴発スルノ用意ナリトテ密カニ武器ヲ買フモノアリ甚シキニ至リテハ白昼日本刀ヲ携ヘ徘徊スルモノ往々相見ヘ人民大ニ驚愕シ頗ル不安堵ノ模様アリ最モ武器ヲ買入シ者及ヒ之ヲ携ヘタル者認メシモノハ現ニ鹿児島ニ有之由又該社員所々ニ密会シテ社員募集ノ方法及ヒ武器買入等ノ手段ヲ議スルト云フ……密会ノ趣意未タ確報ヲ得サルモ社員密ニ唱フル処ヲ聞クニ高知ノ板垣ト通謀シ各県下同志ト期ヲ同フシ同時ニ暴発スルノ用意ナリトテ社員募集ノ事ヲ内議スルト云フ

すなわち、三州社員が武器を買い集めて人々を恐れさせており、また彼らが社員を募集し武器を買い入れているのは高知の板垣退助と連携して同志が同時に暴発する準備だとしている。鹿児島県からの報告よりも「暴発」と「通牒」の危険を強調するものであった。この報告書は同月二十九日に太政大臣、左大臣、参議の「高覧ニ供」せられたが、石田は三州社について「摂政上ノ妨害タルハ勿論郡村吏職務執行上ノ困難ト云フベシ」と警告しており、明治政府側も少なからぬ警戒感を持ったことが推察される。折しもこの頃、各地で自由党激化事件が起きており、明治十五年十一月には福島事件が、翌年三月には高田事件が発生、この報告書から一年の内に、群馬事件、加波山事件、秩父事件、飯田事件、名古屋事件が連続していく。西南戦争の震源地である鹿児島で、しかも元私学校徒を中心に組織された政治結社が不穏な動きをみせていたことは、容易ならぬ事態であっただろう。

事実、太政官において長崎県令からの報告書が回覧された二月二十九日、鹿児島県令に対して詳細を調査するよう指令が発せられている。翌月十八日、鹿児島県令・渡辺千秋はこの指令を受けて、すなわち「客月廿九日親第四十号ヲ以テ本県下三州社ノ近況ニ付相違之廉査察之儀御照会ニヨリ」、内務省警保局長・清浦奎吾に対し次のように「詳細探偵候処」を報告した(31)。ここでは、三州社員の一部が「非常又ハ強盗防御ノ為メ」として刀を入手したのは事実としながらも、皆が買い入れたわけではなく、「白昼日本刀ヲ携ヘ徘徊シ或ハ密会シテ武器買入手段及社員募集方法ヲ議スル等ノ事ハ無之人民不安堵ノ事モ無之」と長崎県の報告を否定している。さらに、「板垣ト通謀シ各県同志ト期ヲ刻シ暴発スル等ノコト毫モ無之ト思考ス」と、板垣との連携や暴発についても否定した。これらを総合して渡辺は、「毫モ異常無之候条此段御報答旁申進候」と結論している。この報告書は四月一日付で大臣参議の高覧に供せられた。

渡辺の報告は長崎県令の報告をまったく否定するもので、自らの県下の不安要素を表ざたにしたくないという意図からか、やや自己弁護の感は否めない。武器購入や暴発の危険が差し迫ったものでなかったのは事実だろうが、後述するように、河野が全国各地を巡回して諸政党と接触していたのは事実であった。

明治政府側の不安も晴れなかったようで、『鹿児島県政党史』は、「三州社が土佐の自由党と握手して、両者の間に何かの密約が結ばれたと云ふ、浮説が立ったので、政府では大いに狼狽して、自由党に対する警戒を飛び越へて、圧迫を加ふることが激しく為った事実もある」[32]としている。実際この後、三州社とライバル関係にあった郷友会と政府とが連携する形で三州社を圧迫していくこととなる。

明治十四年十一月三日、芝の水交社で在京鹿児島県人の親睦会が開かれ、五百余名が参加、このうち十数名が継続してこの会を開くことを談じ合い、これが発端となって郷友会が結成された。[33]翌年一月に作成された「郷友会緒言」では次のように設立の趣旨が述べられている。[34]

維新ノ盛運ニ際会シ、多クハ東京ニ転住シ、各自職ヲ異ニシ、業ヲ殊ニシ、長幼年ヲ均クセサルヲ以テ、或ハ終年相見ヲ得ス……況ヤ郷里在住ノ如キ、東西ニ隔離シ声息ヲ通スルニ由ナク、往時ヲ回顧シテ感旧ノ情ニ禁ヘス、是ニ於テカ、今般相議シテ郷友会ヲ設ケ、一年ニ数次会集シ、長幼貴賤ノ別ナク互ニ懇親ノ情ヲ通シ、此会ヲシテ永年ニ継続セシメ、聊カ裨益スル所アラント欲ス在京県人の親睦会的な存在として出発したことがわかる。「郷友会会則」[35]によれば、「子弟ノ教育ト就産」を目的とし、会所を内幸町の島津邸に設置、仁礼景範が会長、幹事には吉井友実、内田正風、海江田信義、野津道貫らが名を連ねた。[36]

この頃は、ちょうど鹿児島において国会開設運動がさかんとなりはじめ、中央では自由党が結成、鹿児島からも柏田盛文が幹事として参加するなど、中央でも鹿児島でも民権運動が盛り上がりをみせはじめた時期であった。芳即正氏は、「郷友会結成の重大なねらい」は、鹿児島を東京に取り込み、鹿児島の反政府派を撃退することにあったとしているが、[37]事実、郷友会は鹿児島で自由改進の勢力を敵視し、これと対立していくこととなる。

明治十六年、鹿児島で会員募集にあたった郷友会の河島醇は次のような報告書を作成している。[38]

時運の風潮、所謂改進自由と唱へ、少年子弟を誘惑し、窃に党与を団結して時機に投じ為すあらんとするの徒大に蔓延し、為に学齢の子弟は学業を怠り、空しく政談を事とし、壮年の士民も己の能力を顧みず、家業を勉めず、徒に時運の僥倖を希ふの弊風少しとせず、適々郷友会設立の挙ありて、教育、授産の事業を計画せんとするも、彼軽躁浮薄なる改進自由主義者陰に本会を目して官権結党、或は擬似帝政党にして、教育授産を名とし県下の同胞子弟を誘惑するものなり、是又均しく政党の団結なりと誣亡する状あるが如し

「改進自由主義者」への警戒姿勢は政府側のそれと軌を一にするものであり、郷友会が「官権結党、

或は擬似帝政党」と目されたのも故なしとしない。そして、ここで「改進自由主義者」とされたのは、具体的には三州社員と九州改進党員を指していた。この年九月、郷友会の宮内盛高は会長および幹事宛の報告書(39)で、「人多クハ誤認シテ郷友会ヲ以テ政党一般ノ思ヲナシ就中彼改進党三洲《ママ》社員ノ如キ本会ノ目的トスル教育授産ヲ以テ一時会員ヲ募ルノ籠絡手段ニシテ実施スルモノ非ラスト妄測シ百方之ヲ以テ本会ヲ瑕ツクル」と述べている。事実河野は三州社結成当時の明治十五年三月、鹿児島県出身の高官との談において「郷友会の事に及び、河野氏の曰く、今日の開明世界に於て故らに人心を籠絡せんとて、懇親会抔を設け或は美味を喫せしむるも、到底人心を纏めて有事の日に当り用をなすべきものに非ず、如何なる迷夢より斯る白痴の事をせらるるや(40)」と郷友会を痛罵していた。

また、この宮内報告書(41)では「三洲《ママ》社ハ郷友会ノ設ケアリシヨリ益々勢力ヲ張リ力メテ郷友会ニ擷抗」しているとして、これに対抗するために「教育ヲ急ニスヘシ」とし、特に鹿児島学校を強化、陸海軍に人材を輩出すべきだと提案している。鹿児島学校は先述の通り、野村忍介を中心に設立された公立学校だが、実際この後、同校を郷友会に取り込む交渉が行われ、明治十七年一月から郷友会の経営となった(42)。県との交渉は樺山と渡辺県令との間で直接行われており、明治十六年十一月十四日、樺山は渡辺千秋に書簡を送り、鹿児島学校を郷友会が譲り受ける件について郷友会委員会において「協議仕候処別段意見も御座無」として、「教員生徒之精選、其他校則維持方法等将来之見込」について協議したい旨申し入れている(43)。樺山はここで学校の目的を「海陸軍予備門に変換生徒教育夫々人物輩出に付而は固より郷友会の精神に御座候」と記しているが、そこに三州社への対抗策という狙いがあったことは、宮内の報告にある通りである。『鹿児島県政党史』が「三州社が学生を養成するに対抗して、郷友会は其目的からしても相当の教育機関を設けねばならぬから、鹿児島学校（造士館の前身）を以て之に充てたのであつた[44]」と述べるごとく、これは三州社の三州義塾に対抗する措置であったといえよう。

こうした三州社と郷友会の対立が深まった時期は、ちょうど先述した政府による三州社への警戒が高まった時期と一致している。実際郷友会は、その中央における薩摩閥の影響力を駆使して、不穏な行動がささやかれる三州社へ圧迫を加えたとされる。『鹿児島県政党史』はこの間の事情を、「三州社の行動が、日を逐ふて不穏の状態に傾きつゝあるとの流言が、在京先輩側に頻々として達するので、大変な取越苦労をした結果、今は猶予する時にあらず、断然たる処置に及べとあつて、先づ政府を煽て鹿児島県の改革を断行せしめた」と述べているが[45]、「改革」の軸となったのは、薩摩閥が勢力を扶植している警察の人事であった。具体的には、警部長を栃木県警部長・染川済にした上で、警視庁警部・今井兼善、同・鹽田国美ら数名を鹿児島に転任させ、一方三州社と関係があるとされた者は警部から巡査、看守まで「片つ端から免黜して了つた」という[46]。

郷友会本部長であった樺山資紀は明治十六年十二月まで警視総監を務め、その後海軍大輔になっているが、先述の宮内盛高の報告書、後述する今井兼善の報告書は彼のもとにも届いており、樺山が総監として、また本部長としてこの件に少なからず関係していたことをうかがわせる。実際、樺山がこの時期に帰省した際には、「是れが亦郷友会の為めには非常な声援と為つて、其勢力は弥が上に扶植さるゝばかり[47]」であったという。樺山の後任の警視総監・大迫貞清ものちに郷友会特別幹事となっており、この問題に浅からぬ関係を持っていた可能性は高い。

具体的な「圧迫」の模様は必ずしも明らかでないが、明治十七年十月五日に開かれた三州社秋季大会の際の「圧迫」の様子は、今井兼善の報告書が伝えている。今井は「右大会ニ付彼レ等ノ鋭気ヲ挫クハ此ノ時ナリ」として警部補・町田佳ほか警官二名を臨監させたが、このとき「河野主一郎出迎平身低頭シテ一礼」し、町田と河野の間で次のような問答が交わされた。(48)

本日ノ会議ハ何ニ故開会スル者ナル歟答予テ社則ニテ定之通リ毎年開会スル秋季大会議ナリ問ヒ何等ノ事故ヲ議スル趣意乎答当社将来ノ維持方法ヲ議スル為メ開会スル者ナリ決シテ集会条例等ニ触ル、ノ如キ事ハ致サヽルナリ問ヒ本会ニハ各郷ヨリ出会セシ者ナル歟答各郷ヨリモ委員両三名宛出会セリ之レニテ問答ヲ止メ……若シ条条而違背等ノ廉有之ハ厳ニ処分スヘシト云渡シ帰署セリ

会議の目的や参加者について問い質し、これらが集会条例違反に当たらないよう強調している。このとき「河野ノ挙動如何ニモ恐入リタル体ニテ顔色蒼然トシテ恰モ虎列刺病者ト一般ノ容貌ニテ歯ノ根モ合ワス応答甚タ不十分ニテ営膳者ハ漸ク笑ヲ忍ヒ居リ」という状態だったという。河野に対する今井の冷たい視線がうかがえる記述だが、河野が警察を相当に恐れていたのはたしかだろう。

こうした圧力に加え、明治十七年にはそれまで民選であった戸長を官選に改め、郷友会員をこれに任命、郷友会が末端まで行政を握ったといわれている。(49)

かくして三州社は追い詰められ、明治十七年の末には、ついにその存在の象徴であった河野主一郎

を失ってしまう。彼は政府の召し出しに応じて上京し、官途に就いたのである。

従来、この背景には政府の警戒と郷友会の圧力があったとされてきたが、[50]河野自身は政党活動にある種の失望感を抱いていたようである。上京直前、彼は京阪地方を遊歴して帰郷し、明治十七年十月の三州社秋季大会で次のように演説している。[51]

我輩ハ京阪地方ヲ遊歴シ諸有志家ヲ叩キ国事ヲ議シ慷慨セシニ諸党派ハ微々タル様ニテ大概解社スル模様ナリ然レトモ我カ社ノ如キハ益進取ノ気象ヲ養生シ人材ヲ出ス目的ナリ亦頃日聞ク所ニ依レハ三州社員ナレハ奉職スル不能抔ノコトアリ是レ等ハ訛伝ノ尤モ甚シキ者ニシテ互ニ租税ヲ納メ之ヲ以テ官吏ニ俸給ヲ支フル者ナレハ我カ社員タリトテ奉職スル不能ル理由更ニナシ

京阪地方の政党が勢力振るわず消えゆくのをみて三州社の人材輩出の役割を確認した河野は、官吏への奉職を否定する意見を退けて、これを肯定している。果たして、勢力の衰退は三州社も例外ではなかった。当時三州社では株金の募集によって資金を集めようとしていたが、この会議では、募集に当たっている社員から次のような報告が出されている。[52]

伊集院郷士蓑輪某云フ我カ郷ノ如キハ到底之ニ達スルコト不能何トナレハ甚タ不人気ナリ来良郷士斜木某モ伊集院郷同様ナリト述ヘタリ此ノ他各郷ノ社員モ右株金募集ニ付テハ応スル者ヲ確言スル不能サル模様ナリ

三州社は資金収集に苦慮していたわけである。「目下庁下ニテ退社セシ人名百七拾余人ナリ」と少なからぬ退社者も出ており、大会参加者も「昨年ノ大会ニ比スレハ実ニ微々タル者ニテ出会員ノ人物モ遥ニ劣等ナリ」と、質・量ともに低下していた。これは郷友会側の圧迫の「成果」でもあったろう。

三州社設立当時は「何ぞ一美味の為めに貴重なる自由を屈して、官途に恋々する人を幇助するあらんや」[53]と喝破していた河野も、警察の圧迫や資金不足を受け、また各地の政党の衰退を実見し、かつ三州社自身の勢力の減退に直面して、社や政党活動への執着を失っていったのではないかと推察される。こうして彼は、教育と人材輩出という本来の目的に立ち返り、官途に就くことを認めたのではなかろうか。そこに政府側の勧誘があったとすれば、それは郷友会の圧迫と連動した絶妙のタイミングであったといわなければならない。

かくして河野が去り、河野の後を引き継いだ伊東佑高もまもなく上京することとなって、三州社は「一人減り二人退き、皆んな方向を転じて去つて了つたから、大勢愈々振はず、孤城落日の秘境に陥った」[54]といわれる。

三州社はその後わずかに勢力を保ち続け、明治二十二年四月一日、郷友会員や旧九州改進党員（同党は明治十八年五月に解散）などの有志で結成された鹿児島同志会に参加、これに合流したといわれる。[55]『鹿児島県政党史』が「三州社員の全部が、同志会の創立に賛成したのは、その成立を速からしめたと同時に、之が為に一大勢力を贏得た」[56]とするように、三州社は同志会結成の推進勢力・主要勢力だったようである。

なお、河野主一郎は当時大日本帝国水産会社社長を務めていたが、明治二十二年二月十一日の明治憲法発布を受けて改めて「改進主義」の重要性を認識したらしく、三州社再興運動を進めている。同年四月三十日付『読売新聞』は、これを次のように伝えている。(57)

郷友会を組織したるより三州社の会員は漸次退いて殆んど廃社の有様なりし処去る二月憲法発布ありたる故更に改進主義の政治集会所の必要を感じ先頃河野氏は同県出身なる二三大臣の賛成を得て再び三州社を興すの準備に着手したる処熊本、福岡、鹿児島の三県有志者にて之に入会を申込みたる者既に八千余名ありしといふ

河野としては、憲法発布により改進主義の必要を感じたものの、かつて自ら率いた三州社は風前の灯であり、これを再興せざるを得ないと判断したのであろう。一時はかなりの人数を集めていたことがうかがえるが、先述の通り古参の三州社員は同志会に合同しており、結果として再興はならなかった。

四、むすび

三州社の母体である「同盟」は、当時の士族結社一般と同様、教育と授産を目的とする結社であった。しかし、国会開設運動が高揚し、鹿児島でも民権運動がさかんになる中で、三州社は社則に立憲政体の樹立を掲げる政治結社として台頭していく。

西南戦争終結から七年後の当時において、元私学校徒が西郷軍の元幹部を戴き、政治的主張を掲げて全国の政党と接触、数千規模の会員を抱えているという事態は、政府の警戒を呼び起こすに十分であった。武器の購入や暴発の危険、板垣との通謀を報じた長崎県の報告は多分に誇張されたものではあったが、逆に長崎県側の内戦再来への恐怖心があらわれているともいえよう。大臣参議にこれが報告されたその日に鹿児島県令に詳細調査が命じられたことは、各地で激化事件が勃発しつつある中、明治政府も三州社の動向に憂慮していたことをうかがわせる。本章ではこうした、これまで知られていなかった三州社の実態や各県・中央政府側の警戒について、あきらかにしたつもりである。

また、こうした警戒と時期を同じくして、在京県人を中心に結成された郷友会が、三州社は人々を惑わせていると懸念し、かつ三州社によってその勢力伸長を阻まれたことは、政府と共同歩調をとって三州社を圧迫していく基盤を形成することとなった。おそらく、樺山資紀をはじめとする政府高官でありかつ郷友会幹部であった人々は、内乱勃発の危険、改進自由主義者の政府攻撃、そして郷友会への圧迫や県内の風紀低下を、三州社への懸念材料として一括共有していたものと思われる。従来指摘されてきた政府・郷友会が手を組んだ三州社攻撃の背景には、こうした政府・郷友会間の時期的、人的、そして内的接点があったといえよう。実際、政府高官の郷友会員は人材豊富であった。三州社が鹿児島同志会に合同した年、明治二十二年七月時点の郷友会は、会長が樺山資紀、特別幹事には黒田清隆、松方正義、西郷従道、吉井友実、川村純義、寺島宗則、仁礼景範、海江田信義と、錚々たる顔が並んでいる。(58)

西南戦争が終結して士族による武力反乱は終焉し、言論による政府攻撃、自由民権運動が広まっていった――という流れは、これまで繰り返し描かれてきた。そして、それを「直線的」に連結した三州社は、その「直線的」なるがゆえに、政府からも鹿児島の同胞からも警戒され、潰されていったのである。それにしても、かつて警察人事を支配して政府密偵を捕縛した（補章参照）私学校の後継が、あらたに警察人事を支配した政府・郷友会によって圧迫されたことは、時代の変化を象徴する皮肉なできごとであった。

註

（1）鹿児島県議会編『鹿児島県議会史』第一巻（鹿児島県議会、昭和四十六年）、二七五頁。
（2）新藤東洋男『自由民権運動と九州地方』（古雅書店、昭和五十七年）、同「九州の自由民権運動」（『歴史地理教育』三二六号、昭和五十六年三月）、水野公寿「九州改進党覚え書」（『近代熊本』一一号、昭和四十五年九月）、同「旧九州改進党の再組織過程」（『近代熊本』一七号、昭和五十年九月）、同「九州改進党の結成について」（『近代熊本』二二号、昭和五十八年九月）、同「九州改進党」（横山浩一・藤野保編『九州と日本社会の形成』吉川弘文館、昭和六十二年、所収）、同「九州改進党研究の問題点」（『熊本近代史研究会会報』二〇〇号、昭和六十二年一月）、堤啓次郎「九州改進党論」（自由民権百年全国集会実行委員会編『自由民権運動と現代』三省堂、昭和六十年、所収）、など、参照。
（3）井出孫六・我部政男・比屋根照夫・安在邦夫編『自由民権機密探偵史料集―国立公文書館蔵―』（三一書房、昭和五十六年）、三九〇―三九五頁。
（4）自由民権百年全国集会実行委員会編『自由民権運動研究文献目録』（三省堂、昭和五十九年）、二二九頁。
（5）薩藩史料調査会編『鹿児島県政党史』（薩藩史料調査会、大正七年）、四二頁。
（6）升味準之助『日本政党史論』第一巻（東京大学出版会、昭和四十年）、二三六―二三七頁。
（7）前掲「鹿児島学校と三州義塾」、六五頁。以下、三州社の設立過程およびその組織については、この論文に多くを負った。
（8）前掲『鹿児島県政党史』、一九頁。
（9）黒龍会編『西南記伝』下巻二（原書房、昭和四十四年復刻）、二九五―二九六頁。
（10）「鹿児島学校設立之趣意」（鹿児島県立図書館『薩藩学事一・鹿児島県師範学校史料（鹿児島県史料集四〇）』鹿児島県

立図書館、平成十三年、所収)、二二頁。
(11) 前掲「鹿児島学校と三州義塾」、六一―八一頁。
(12) 前掲『薩藩学事一・鹿児島県師範学校史料(鹿児島県史料集四〇)』、三〇頁。
(13) 前掲「鹿児島学校と三州義塾」、七六―七七頁。
(14) 前掲「鹿児島学校と三州義塾」、一〇二頁。この会合によって事実上三州社は設立されたと考えられるが、本文で後述する通り、「三州社」の名称が決まるのは明治十五年四月のようである。
(15) 前掲「鹿児島学校と三州義塾」、八一頁。
(16) 前掲『鹿児島県政党史』、二〇―二一頁。
(17) 前掲「鹿児島学校と三州義塾」、八三―八九頁。
(18) 「樺山資紀文書」(国立国会図書館憲政資料室蔵)。
(19) 前掲「鹿児島学校と三州義塾」、八七頁。
(20) 久米雅章「明治初期の民権運動と士族」(川嵜兼孝他著『鹿児島近代社会運動史』南方新社、平成十七年、所収)、三七―四七頁。
(21) 前掲「鹿児島学校と三州義塾」、一〇四頁。なお、明治七年十月二十日付『鶴嶺雑誌』は、三州社の所在地を「山下町百四十九番」と伝えている(鹿児島市史編さん委員会編『鹿児島市史』第三巻、鹿児島市、昭和四十六年、六一一頁)。
(22) 我部政男編『明治十五年・明治十六年　地方巡察使復命書』上巻(三一書房、昭和五十五年)、二九六―二九七頁。
(23) 前掲『明治十五年・明治十六年　地方巡察使復命書』上巻、二七五頁。
(24) 前掲『鹿児島県政党史』、二一―二二頁。同書によれば、この起草者は池田休兵衛であり、また「三州社」の名称は「当時青年中の有望者と目されて居つた、竹崎一二の発案であつたと云ふことである」という。
(25) 「国会開設ノ建言」(色川大吉・我部政男監修『明治建白書集成』第五巻、筑摩書房、平成八年、所収)、七五三―七五六頁。
(26) 南日本新聞社鹿児島大百科事典編纂室編『鹿児島大百科事典』(南日本新聞社、昭和五十六年)、四七八頁。
(27) 前掲「明治初期の民権運動と士族」、二二―五三頁。
(28) 前掲『明治十五年・明治十六年　地方巡察使復命書』上巻、七六一頁。
(29) 前掲『自由民権機密探偵史料集』、三九二―三九三頁。
(30) 前掲『自由民権機密探偵史料集』、三九〇―三九一頁。
(31) 前掲『自由民権機密探偵史料集』、三九二―三九三頁。

(32) 前掲『鹿児島県政党史』、四三頁。
(33) 前掲『鹿児島県政党史』、三六―三七頁。
(34) 前掲『薩藩学事一・鹿児島県師範学校史料（鹿児島県史料集四〇）』、四九頁。
(35) 前掲『薩藩学事一・鹿児島県師範学校史料（鹿児島県史料集四〇）』、四九頁。
(36) 「郷友会役員名簿」（前掲「樺山資紀文書」、所収）。
(37) 前掲「鹿児島学校と三州義塾」、一〇〇頁―一〇一頁。
(38) 前掲『鹿児島県政党史』、三九―四〇頁。
(39) 前掲「樺山資紀文書」、所収。
(40) 『鹿児島新聞』明治十五年三月十日付。
(41) 前掲「樺山資紀文書」、所収。
(42) 前掲「鹿児島学校と三州義塾」、一〇八頁。
(43) 尚友倶楽部・長井純市編『渡辺千秋関係文書』（尚友倶楽部、平成六年）、六一頁。
(44) 前掲『鹿児島県政党史』、四一頁。
(45) 前掲『鹿児島県政党史』、四四頁。
(46) 前掲『鹿児島県政党史』、四四―四五頁。
(47) 前掲『鹿児島県政党史』、四六頁。
(48) 「三州社秋季大会議ノ景況」（前掲「樺山資紀文書」、所収）。
(49) 前掲『鹿児島県議会史』第一巻、二七八頁。
(50) 前掲『鹿児島県政党史』、四三頁、前掲『鹿児島県議会史』第一巻、二七八頁。
(51) 前掲「三州社秋季大会議ノ景況」。
(52) 前掲「三州社秋季大会議ノ景況」。
(53) 『鹿児島新聞』明治十五年三月十日付。
(54) 前掲『鹿児島県政党史』、五〇頁。
(55) 前掲『鹿児島県政党史』、五〇―七一頁。
(56) 前掲『鹿児島県政党史』、七一頁。
(57) 『読売新聞』明治二十二年四月三十日付。
(58) 『読売新聞』明治二十二年七月二十七日付。

第六章　旧反戦派・柏田盛文の思想と行動

――戦後の鹿児島の民権家②――

一、はしがき

西南戦争開戦前夜、鹿児島県内への学校の開設や私学校徒の説得によって開戦を防ごうと努めた柏田盛文は、今日、自由党の幹事、鹿児島県会議長、衆議院議員、あるいは教科書疑獄事件で逮捕された新潟県知事、などとして記憶されている。政治家としての思想と行動についての評価はさまざまだが、明治初期の鹿児島を代表する政治家であったことは間違いない。

柏田については、『自由党史』（明治四十三年刊）や鹿児島の政党研究関係の諸文献[1]をはじめ、人名辞典などでも取り上げられることが多かったものの、長らくまとまった伝記の類は存在しなかったが、最近になって入来院貞子氏の論稿[2]があらわれるなど、その研究は大きく進展している。

柏田の前半生（西南戦争まで）については、すでに第四章で詳しく扱ったため、以下、西南戦争後の柏田の政治生活についてたどりたい。それは、柏田という鹿児島を代表する政治家であり、また草創期の民権家であった人物の後半生を通して、西南戦争後における鹿児島の民権運動の「展開」と「転回」の一面を描くことになるであろう。

二、国会開設運動

第四章でみたように、柏田は西郷隆盛暗殺計画の廉をもって私学校徒に逮捕された。その後身柄を解放され、九州臨時裁判所で無罪放免となったのは明治十年（一八七七）十二月のことである。翌年三月、柏田は鹿児島県内の学区取締となり、教育振興に従事することとなった。大久保利夫は、この間の事情を次のように伝えている。(3)

十一年三月挙ケラレテ高城薩摩二郡ノ学区取締トナリ率先シテ教育会ヲ起シ討論会ヲ開キ高級生徒ノ合併試業ヲ行ヒ春秋二回大運動会ヲナシ大ニ他郡人民ヲシテ一驚ヲ喫セシメタリ蓋シ此ノ如キハ当事未タ何レノ地方ニモ行ハレサル所然ルニ君敢テ率先断行亦顧ミル所ナシ是ヲ以テ人皆君ノ勇敢活発ニ驚キ歎称セサル者ナカリシト云フ

選挙の候補者紹介のためいくらか割り引いて読まねばならないが、それでも、彼が学区取締として「教育会」「討論会」「合併試業」「大運動会」などを行って人々の注目を集めていたことはたしかだと思われる。戦争前に「変則学校」の創設を企てた柏田は、さっそく地元の教育振興に取り組んだわけである。

この時期、柏田は教育以外でも地元利益実現のために奔走していた。明治十二年当時、平佐、天辰地区の士族が有する寺山山林を住民の共有地として活用しようとする動きがあったが、県側はこれに対し山林を官有林に編入して収税対象としたため、地元との軋轢が発生した。学区取締の柏田は同郷の田中直哉（のち県会議員）とともに山林返還に向け奔走、県議時代の十五年八月にいたって共有に復すことに成功したとされる。(4) 平佐の郷土史はこれを特筆すべき実績として語り継いでいるが、当時の柏田の姿勢を考える上で興味深いエピソードである。

こうして柏田の地元における基盤は確実に固められていったとみえ、明治十三年二月の第一回鹿児島県会議員選挙で当選、同年五月からは県会副議長を務めている。そして、同年九月には川越進とともに国会期成同盟を結成した。国会期成同盟緒言（八月一日付）では次のように設立の趣旨が記されている。(5)

戦乱以還人心紛々、今日ニ至リテ、尚其帰着スル所ヲ知ラサルモノノ如シ。……嗚呼内ニシテハ官民漸ク阻隔シテ乖離ノ像ヲ顕シ、加ルニ財政日ニ困難ヲ告ゲ、外ニシテハ虎視耽々常ニ隙ヲ窺ヒ、又烽火対岸ニ颺ラントスルノ警アリ。……然ラハ国民タル者、既ニ発セシ国難ヲ救ヒ将ニ胎ムノ禍機ヲ鎖シ皎々トシテ倶ニ明治ノ天地ニ楽ミ以テ大義ヲ全フセント欲セバ其目的ヲシテ国会ヲ開キ、立憲ノ政体ヲ建ルニ注射セシメザルベカラズ

西南戦争後、人心混沌とし、官民阻隔し、財政が行き詰まり、対外危機が迫る中、これを乗り切るには国会を開設し、立憲政体を作るしかないとしている。

かくして同年十一月、柏田は鹿児島県下三千五百人の総代として「国会開設建白書」(6)を太政大臣・三条実美に提出した。提出者名は柏田一人となっているが、おそらく県会副議長で同盟発起人であった柏田がこれを起草し、同盟を代表して提出したものと考えられる。(7)建白書では、次のように国会開設の意義が説かれた。

政関公議ニ従テ運転スルニ至ラハ上下ノ間自ラ接近シ人心従テ和綵セン人心和綵セハ国勢漸ク強盛ニ赴カン国勢強盛ニ赴カハ外人ノ跳梁亦虞ルニ足ラズシテ独立ノ体面自ラ復シ邦家ヲ泰山ノ安キニ置テ　皇基ヲ無窮ニ垂ル、ヤ疑ヲ容レザル也抑公議ニ従ツテ政関ヲ運転セシメント欲セハ他ニ奇術妙法アルニ非ル也唯　天皇夙トニ志シ給フ所ノ国会ヲ開キ確然タル憲法ヲ制定シ立法行政ノ区域ヲ明劃シ互ニ相侵犯セサルノ制度ヲ設ケ立法ノ権ヲ人民ニ附与シテ君民同治ノ政体ヲ確立スルニアルノミ

「上下接近」することで「人心和綵」し、これによって「国勢強盛」を成して「外人跳梁」を防ぐことができるとし、そのために国会開設と憲法制定、君民同治の実現を訴えている。続いて建白書は、財政困難についても「救済スルノ方法ハ公議ニ決セザルベカラス」と述べ、条約改正も「全国ノ衆智ヲ集メ全国ノ全力ヲ用ヒテ之ニ当ラサル」を得ず、その「機械ハ国会ヲ措テ何ニ求メンヤ」と主張し、

さらに反乱は「下情上ニ達セス上意下ニ通セサルヨリ起ルモノ多シ」と述べて、国会を開設すれば「国家ノ平和」にもつながると主張する。また、国会を開設して憲法を制定しなければ、行政の圧力から「司法権モ独立」することができないとも述べた。柏田にとって財政も外交も司法も民意に基づいて行われるべきであり、そうでなければ内乱が起こりかねず、専制を続けて反乱が起こったならば、「治スルノ法ヲ求メスシテ茲ニ至ラシメバ良民ヲ駆ツテ乱臣賊子ノ門ニ入ル、ト何ノ径庭アランヤ」と、その責は政府にあるとするのである。このあたりは西南戦争の防止につとめた彼の真骨頂ともいえよう。

この建白書は、茨城、和歌山、三重、栃木の各県下から出された国会開設建言書とともに大臣参議の「回覧」に供せられたのみであったが、この後柏田は活動の舞台を東京に移し、自由党結成に参画していく。この間の経緯を次節でみていきたい。

三、自由党から九州改進党へ

建白書提出の翌月、柏田は山際七司を中心とする自由党組織化、機関紙発行に向けた会合に参加し[8]、翌明治十四年三月には松田正久、上条信次らと協力して、西園寺公望を社長とする『東洋自由新聞』の創刊に参画している。彼は中江兆民、林正明らと共に「編輯社員」という立場で、実際には記者を務めた。宮武外骨によれば、柏田は慶應義塾在籍中から「伊地知優風」の匿名で『東京曙新聞』に投書をしたことがあり、能文であったため、同紙記者であった上条に推挙されて発起人、記者となったという。[9]『東洋自由新聞』は西園寺の退社や販売不振などによってわずか一ヶ月半で廃刊となるが、この間、柏田は創刊号に祝辞を寄せ、社説も三月二十六日付第五号、三月二十七日付第七号、四月一日付第十号の三度執筆している。このうち第七号では「政党論」と題して、「内ニシテハ国会未タ開ケス憲令未タ定ラス言論ノ自由ナク出版ノ自由ナク集会ノ自由ナク請願ノ自由ナク外ニシテハ対等ノ権利ナク収税ノ権利ナキ現状」を克服するには「改進」と「自由」こそが必要であり、そのためには「純然タル一大政党ヲ組織スルニアルノミ」と論じた。[10]内外の諸問題を克服するために改進と自由の重要性を説き、その活動体として政党の意義を強調したのである。

かくして、同年十月十八日から二十九日にかけて自由党結成大会が開催されるとこれに参加、自由党に入党し、[11]まもなく幹事となって、「専ラ事務ヲ裁理シ又自由新聞発行ノ事ニ与」ったといわれる。[12]鹿児島における活躍や東洋自由新聞創刊への関与などが評価されての幹事就任であったのだろう。なお、柏田は十月二十七日の役員選挙で幹事に選出されたものの、これを辞退し、自由党発足直後に林正明と入れ替わる形で幹事となっているが、この間の詳しい事情はわからない。[13]

幹事となった彼は、翌十一月、自由党が同党本部仮事務所に特大の表札を掲げたことに端を発したいわゆる自由党集会条例違反事件によって、他の幹事四名とともに罰金刑(各二円)に処せられた。[14]ただ、その活動はおとろえず、明治十五年一月には、『自由党本部報』第六号に「去ル九日大石正巳、相田《ママ》盛文ハ神奈川県下南多摩郡原町田及大塚村へ出張地方部モ設立」[15]とあるように、神奈川での地方部結成に参画している。[16]神奈川県自由党員・細野喜代四郎の日誌によれば、このとき柏田は大石正巳と共に演説も行った。[17]

翌月、柏田は鹿児島に帰郷し、九州改進党結成大会に参加した。『自由党本部報』第八号（明治十五年三月十日）は、「過日幹事柏田盛文氏帰省以来益盛大ニ赴ケリ且同氏ハ今度熊本ニ開設セラル、九州大会ヘモ出席セラル、由不日同地ノ団結益鞏益固ニ至ルヘシ[18]」と、柏田の帰郷が政党活動を活性化させ、九州の団結につながると記している。

柏田はたしかに地方団結を目指して帰省した。しかし、その去就は自由党とは別方向に向かっていた。すなわち彼はこの大会参加を契機に、自由党を脱党する。この間の経緯について大久保利夫は次のように記している[19]。

> 東京ニテ君等結党ノ後モ大ニ奔走尽力シタリト雖モ自由党ノ基礎未タ鞏固ナラサルヲ見テ君慨然トシテ曰ク尽策既ニ此ニ至リテ十分活動ノ出来サルハ各地方団結ノ未タ鞏固ナラサルニ起因スル者ナリト即チ翌十五年三月再ヒ帰県ス是ヨリ先キ県下ノ志士ヲ糾合シテ自治社ナル者ヲ組織シ大ヒニ同主義ニ向ヒテ地方ノ団結ヲ計リ又其際有志ノ士ト相謀リ九州有志大懇親会ヲ熊本ニ開キ是ニ於テ亦九州改進党ナル者ヲ組織ス後チ君其両党ニ加ハルノ不可ナルヲ感シ断然自由党ヲ脱党セリ

これにより、柏田が、自由党は地方組織が鞏固でないために十分な活動ができないと認識して帰郷したこと、すでに自治社を組織して地方団結を計っていたこと、そして九州改進党結党に際して、結局二党に属すことはできないとして自由党を脱党したことがわかる[20]。

右の資料にある自治社は、鹿児島県内の外城士族有志によって明治十四年十二月に組織された結社で、「本社ハ自治ノ精神ヲ発起シ天賦固有ノ権理ヲ保全スルヲ以テ目的トス」（自治社則第一条）とされ、社員は二千人から三千人に及んだといわれている。翌年一月に開催された幹事会では、九州改進党結成大会に委員を派遣することが決定された。この大会が、右の資料にいう「九州有志大懇親会」のことである。九州にはすでに明治十三年に有志各社で作った九州連合会が存在し、ここに参加した各社の一部と、その後新たに設立された結社などによって九州改進党が結成されることとなる。その後、自治社と、同時期に結成された公友会などが合同して九州改進党鹿児島部を構成している。[21] 柏田は三月十二日の九州改進党結成大会に参加、鹿児島部でも幹部（本部議員）となった。[22] その目的は先述の通り、自由党は地方の基盤が弱く十分に活動できないとして、その基盤固めを目指したことにあった。事実、『自由党史』が「九州改進党は純然たる自由党系に属せり」[23] というように、九州改進党は「自由党の別働隊」[24] ともいうべき存在であった。

しかし、地方基盤を固めるためとはいえ、なぜ自由党を辞める必要があったのだろうか。「両党ニ加ハルノ不可ナル」では、説得力に欠けていよう。そこで注目されるのは、自由党結成前から存在した「九州派と土佐派の対立」と「九州改進党側の思惑」の二点である。

まず前者だが、河野広中はこれについて、「由来九州と土佐派は相容れず、予が之が為めには、少なからず苦心し来ったのであるが、自由党の結成に際しても、九州の委員は孰れも土佐派の横暴を憤慨し、予の出席する以前に席を蹴って退会し、帰国して了ったような訳で、土佐の力では九州を団結することは出来ぬ状態にあった[25]」と述べている。江村栄一氏は九州の委員十二人のうち退会したのは二人に過ぎないと指摘しているが、派閥対立の存在自体は否定していない[26]。馬場鉄男氏によれば、九州民権家親睦会が九州連合本部を結成したのも、親睦会が土佐派の私立国会設置要求を否定して別行動を取った結果であり、こうした派閥対立の結果、九州の民権家が自由党結成大会に参加しながらも、別に九州改進党を結成したのだという[27]。

柏田が九州改進党結成と時を同じくして自由党を離脱した背景にも、こうした派閥対立が影響していた可能性が高い。地方基盤の脆弱性と党内派閥対立双方への失望が、柏田をして「自由党ノ基礎未タ鞏固ナラサル」と判断せしめ、さらに九州改進党への参加と自由党離脱を志向せしめたのであろう。柏田は九州改進党結成から約一ヶ月後の四月九日、鹿児島市内の演説会において「政党之効用」と題して演説しているが、ここでは国家開設前の政党の効用として政府・人民間の媒体として秩序の安定化に資することを挙げ、また国会開設後の政党の効用としては世論の動向による政権交代を可能とすることなどを挙げて、「聴衆も頗る満足の有様……勇壮活発の精神溢れ出る計り」であったといわれる[28]。柏田にとってこれは、自由党への失望に裏打ちされた政党の理想像であったかと思われる。

一方九州改進党側も、柏田の入党を強く望んでいた。明治十五年四月から六月にかけて巡察使として九州地方を回った参事院議官・渡辺昇は同年六月十九日付の太政大臣・三条実美宛報告書の中で、次のように述べている[29]。

柏田盛文ナルモノハ元ト郷士ノ内ニテ稍金力モ有之是迄東京自由党ニ加リ居リシモノニテ当人モ鹿児島改進党ニ加入センコトヲ希望シ党員モ其金力アルヲ以テ之ヲ望ムモ東京自由党ヲ脱セサレ

ハ不都合ナリトテ和泉邦彦ヨリ大ニ之ヲ説得シ遂ニ彼ヲ脱シ鹿児島党ニ加入セシモノナリ

すなわち、九州改進党への入党を望んでいた柏田に対して、改進党側も彼の資金力ゆえにその入党を期待しており、結果和泉邦彦（九州改進党長崎本部委員）の説得によって柏田は自由党を脱党したというのである。

以上みたように、柏田自身が自由党の地方基盤が薄弱であることや党内派閥対立に失望して脱党を望み、一方九州改進党側も彼の資金力に期待して入党を望んだことで、柏田の自由党脱党、改進党入党が実現したものと考えられる。

四、県会議長、第四高等中学校長時代

しかし、この後まもなく、柏田の政党活動は影を潜めていく。九州改進党の年次大会にも明治十五年九月の長崎大会には参加しているものの、翌年三月に地元で開催された鹿児島大会、十七年五月の福岡大会、十八年五月の久留米大会と、いずれも出席していない。(30)

こうした柏田の政治活動停滞の理由として『川内市史』は、「郷友会の進出と中央政府の弾圧」を挙げている。(31)前章でみたように、郷友会は、明治十四年十一月に開かれた在京鹿児島県人の親睦会を母体として発足した結社で、(32)「子弟ノ教育ト就産」(33)を目的としたが、芳即正氏によれば、その真の狙いは鹿児島の反政府派の撃退にあったという。(34)実際、明治十六年に会の拡張を期して帰県した郷友会

の河島醇は、次のような報告書を作成している。[35]

時運の風潮、所謂改進自由と唱へ、少年子弟を誘惑し、窃に党与を団結して時機に投じ為すあらんとするの徒大に蔓延し、為に学齢の子弟は学業を怠り、空しく政談を事とし、壮年の士民も己の能力を顧みず、家業を努めず、徒に時運の僥倖を希ふの弊風少しとせず

九州改進党をはじめとする「改進自由主義者」への警戒の色がみてとれよう。当時鹿児島県内では九州改進党鹿児島部と三州社が代表的な民権結社であったが、警視総監・樺山資紀を本部長とする郷友会は警察をはじめとする県内人事を掌握、特に三州社に対する圧迫を加えていった。[36]この間、九州改進党は「郷友会と三州社とが、呉越相争ふの状を傍観するかの如き地位に立つた」といわれるが、その後郷友会が県政において重要な位置を占め、教育と授産事業を大きく推進するようになると、九州改進党側はこれに賛同し、党員のほとんどが郷友会に入会、「九州改進党は即ち郷友会員と云つたやうな状態」になったという。[37]こうして九州改進党は自立性を失い、明治十八年五月には解党を決議することとなる。

柏田が政党活動から身を引いて行った時期は、郷友会の民権派への警戒、政府と一体となった三州社への圧迫がはじまり、また改進党の自立性が失われていく時期にあたっていた。これらが彼の政治活動を阻害し、またその将来に希望を見失わしめ、彼をして政治活動から手を引かしめたものと推察される。明治十六年九月の郷友会宮内盛高の会長・幹事宛報告書は、「改進党ノ如キハ又昔日ノ勢ヒ

ナク党員多シト雖モ概ネ東西ヲ弁ゼザル愚民ヲ駈リ徒ニ虚勢ヲ張ルニ過ギス実着ニシテ定見アル人物甚タ稀ナリ適々之レアルモ已ニ彼党ノ挙動ヲ厭忌スルノ状アリ[38]」と指摘しているが、柏田はこの「彼党ノ挙動ヲ厭忌スル」一人ではなかったか。

しかもこの時期、明治十六年八月に鹿児島県会議長に選出された柏田は、県議会運営に忙殺されていた。

明治十三年の第一回県会議員選挙から連続当選していた柏田は、議会において積極的な発言をしている[39]。たとえば明治十三年五月の第一回県会では、「町人百姓ノ師弟ノミナラス士族ノ師弟ヲモ陶成スル」「農商学校」の設立を建議し、これは修正の上可決された。柏田の教育への関心の継続として注目されよう。その後、「明治十年代県会の最大の問題」（『鹿児島県議会史』）であった宮崎分県問題においても、分県実現を目指す日向出身者を支援して大きな力を発揮したといわれる。ただ、九州改進党設立当時は県議会より政党活動が優先されていたようであり、明治十五年三月十七日から開かれた臨時県会の際も、「明日より県会を開かるる筈なるに議長野村綱氏は病気とかにて不参、副議長柏田盛文氏は九州連合会に出席せしを以て不参[40]」と、政党活動に重きが置かれていた。

しかし明治十六年五月の宮崎分県後の八月に議長となると、二十年四月に辞任するまでの約四年間、柏田は県庁側との対立と複雑な調整に苦慮せざるを得なくなる。議長就任直後の通常県会では地方税収支予算について修正議決したところ県令が認めず、内務大蔵両卿の指揮を仰ぐ事態となっており、翌年三月の臨時県会でも予算不足金の補充をめぐる法解釈について県会と県令の間に紛争が起こり、参事院の裁定を求める事態が発生している。この裁定は結局県令側に軍配が上がることとなるが、同年八月末には県下に大暴風が襲って二万五千戸以上の家屋が倒壊し、県会としても追加予算を編成して救済に充てるなど、対応に追われた。明治十八年通常県会でも県会が議決した地方税予算の一部が県令の不認可を受けるなど、「このころ県会と県令との衝突の激しかったことを物語」[41]っている。柏田は県会を代表して県令との対決の矢面に立ったわけで、こうした事情が物理的にも精神的にも、政党活動から距離を置く一因になったかと思われる。

さて、柏田は明治十九年十一月の通常県会で三度目の議長に選出されたが、翌年になって新設の第四高等中学校長就任の話がもたらされ、議長を辞することとなる。この間の事情を大久保利夫は次のように記している[42]。

二十年四月故文部大臣森有礼公全国五ヶ所ニ高等中学校ヲ創設シ君ヲ民間ヨリ識抜シテ之カ長タラシメント欲シ該校設立ノ趣意書及ヒ之ニ長タル者得難キヲ述ヘ頻リニ国家ノ為メ尽力スヘキ旨ヲ諭ス君未タ曾テ褐ヲ官海ニ解キタルコトナキヲ以テ容易ニ之ヲ肯諾セサリシカ其懇諭ノ切ナル遂ニ知遇ニ感動シ誓フニ力ヲ致タサンコトヲ以テシ親戚知友ニ意中ヲ述ヘテ任ヲ受ケタリ

固辞する柏田を森有礼文相が熱心に説得して請けさせた事情がみて取れる。かくして柏田は明治二十年四月の臨時県会で議長の席を西彦四郎に譲って金沢に向かい、同月二十二日、初代校長に就任した[43]。この後柏田が学校の基礎固めに従事した約三年間、校長以下幹事、舎監などはすべて薩摩人が用いられ、「薩摩流の武断教育をほどこしていた」といわれる[44]。第一回入学生一四二名の中には、石川県専門学校から進学した西田幾多郎もいたが、彼も後年、柏田校長時代を次のように回想している。[45]

当時の文部大臣は森有礼といふ薩摩人であつて、金沢に薩摩隼人の教育を注入すると云ふので、初代校長として鹿児島の県会議長をしてゐた柏田といふ人をよこした。その校長について来た幹事とか舎監とかいふのは、皆薩摩人で警察官などをしてゐた人々であつた。師弟の間に親しみのあつた暖な学校（石川県専門学校のこと――引用者）から、忽ち規則づくめな武断的な学校に変じた。我々は学問文芸にあこがれ、極めて進歩的な思想を抱いてゐたのであるが、学校ではさういふ方向が喜ばれなかつた。

学力に欠けた教員もいたようで、学生と衝突することもあり、西田は結局退学することになるが、当時の柏田には、戊辰戦争をかけぬけた武士としての面影が現れていたのであろう。森は、その点を買ったわけである。

五、衆議院議員選挙

しかし、柏田の政治への意欲は衰えなかったとみえ、明治二十三年の第一回総選挙では帰郷して鹿児島四区から出馬した。[46] このとき柏田は、「鹿児島同志会」から立候補している。[47] 前述の通り、九州改進党は明治十八年五月に解党しており、以後鹿児島の政党運動は下火となって「平凡なる状態を以て、早くも三ヵ年を空過」することとなるが、明治二十一年末頃「機運は漸く熟し」、旧九州改進党員や、旧三州社などといった県下の政治結社の会員が結集、翌年三月、彼らによって鹿児島同志会が結成された。(48) 柏田はこれを受けて帰県し、同会に加わったわけである。第一回総選挙に際しては同会の宇都宮平一と争って敗れることとなるが、その間の事情を『鹿児島県政党史』は次のように伝えている。(49)

第四区即ち川内、宮ノ城方面にては同志打の競争と為つて、一方にては宇都宮平一を擁し、一方は柏田盛文を擁して互いに相譲らず、紛糾を重ねた末、兎に角予選にては宇都宮が当選したけれども、川内側は何しても之に服せず、結局第四区だけは右二ヶ村の競争となつた。

第四区では候補者の調整がつかず、結局同士討ちとなって柏田が敗れたわけである。宇都宮六八五票、柏田四九七票であった。かつて鹿児島の民権運動をリードし、県議会を取り仕切った柏田にとって、この敗戦は大きな衝撃だったと推察される。宇都宮が第一高等中校教授であったこと、そして中央からの移入候補であったことは、第四高等中学校長で鹿児島出身の柏田にとって二重三重の意味で堪えたにちがいない。

さて、この選挙で鹿児島から当選した七人はいずれも帝国議会で民党側に立って政府と対立したため、松方正義内閣は鹿児島の民党切り崩し、吏党組織化に動いていく。(50) 柏田はこれに応じる形で吏党の中心人物になっていくのだが、これは今日柏田の「変節」として難じられるところであり、また当時においても、「第四高等中学校長柏田盛文氏は上京後鹿児島県吏権党即ち独立倶楽部の件に関し大いに世人の注目を惹[51]」いた事件であった。なぜ、かつての自由党幹事は、吏党結成に動いたのであろうか。

従来、柏田の吏党参加は、先の選挙での敗北への怒り、不満のためだとされてきた[52]。たしかに先述の通り、柏田の敗北の衝撃は深刻であったと察せられるが、しかし、彼が吏党に転じた理由は、それほど単純ではないようである。この点を考える上で、『東京日日新聞』（明治二十四年八月二十六日付）掲載の次の記事は重要と思われるので、やや長文となるが引用したい[53]。

鹿児島同志会の分裂

鹿児島に於ける同志会が破綻の兆候を顕はしたるは今春頃の事なりしが其後種々の事情と種々の境遇とに依り愈々同会として一大分裂を来さしむるに至れり就中同会選出の代議士が中原に於ける運動は該会組織の精神に反するのみならず自由党と合同することは勿論之と提携するだも好まざるに河島醇氏外二三輩の踏台となりしが如き畢竟彼の人々の為めに一杯食はされたりと不平を鳴らすもの同会員過半に出で遂に公然一旗幟を樹つる事に決し柏田盛文（目下帰省中にて不日第二《ママ》高等中学校長を辞する由）厚地正敏（県会議長）水間良兼（常置委員）武満義雄（県会議員の《ママ》諸氏主脳となり去る十四日発企会を開き政社的独立倶楽部を組織する事、機関新聞を発行すること……を議決し目下各群の重立ちたる有志は之が為め大抵鹿児島市中に来会し運動の方針等を協議中にて遅くも本月末には同県中有志者の一大総会を開き表面上の運動を顕はす筈なりと云ふ柏田らは、鹿児島同志会選出の河島醇らの中央における運動、とりわけ自由党との提携について強い不満をもち、彼らに裏切られたという思いから、吏党独立倶楽部結成に動いたというのである。河島らの運動とはいかなるものであったのか。明治二十四年三月、立憲自由党は党名を「自由党」に復して、板垣退助を総理に戴くこととなったが、これに対して、九州出身の自由党代議士を中心とする政治団体・九州倶楽部（九州進歩党とも呼ばれる）内では、板垣総理に賛成する一派と、これに反対し自由党からの分離を図る一派との対立が生じた。同年五月、九州倶楽部は長崎において大会を開いてこの件を議したが結論が出ず、結局、九月十三日に開かれた佐賀大会において総裁反対論が退けられ、自由党と進歩党との提携を目指すことが議決される。当時松田正久、河野広中らとともに自由党部長の地位にあった衆院議員・河島醇は当初、強く総裁反対、自由党からの分離論を唱えていたが、七月頃には「非総理説を確守し之を貫徹せんとするの模様なく」[54]と軟化するに至り、その後、むしろ自由党、進歩党の提携推進の中心的役割を果たしていくようになる。実際、河島は九月二十三日に発表した「第二帝国議会」と題する論文[55]で、第一議会においては「政治上各自の主義」ではなく「党派問題」によって法案が議せられたと批判し、「各派互に各問題に対し条件附議案を調整し、以て必ずその通過を得る準備」を進めねばならぬと述べている。結局、河島が十月二十三日の自由党代議士会に提出した進歩党との提携案は星亨らによって退けられることとなるが、柏田が帰郷して独立倶楽部結成の発起人会が開かれた八月当時は、河島らの総裁反対論放棄、自由党・進歩党提携推進策が進められつつある時期であった[56]。独立倶楽部結成がこれに対抗する措置であったことはまず間違いない。

柏田がかくも自由党に対し強い敵対心をもつに至った背景には、民党に対する根深い失望感があったようである。九月二十七日の独立倶楽部総会で議決された「独立倶楽部趣意書」[57]では、「今ヤ政海ノ波瀾殆ント奇変ヲ極ム党援ヲ以テ私利ヲ計ルアリ権謀ヲ以テ私憤ヲ泄スアリ一党一団ノ利害ヲ重シテ遂ニ国家ノ隆替ト人民ノ休戚トハ措テ顧ルニ遑アラサルノ観アリ」と、現政党が党利党略をもって国家人民を忘れていると批判し、次のように自らの役割を説明している。

集散極リナキ各党ノ外ニ立チ冷煖定リナキ感情ノ覊軛ヲ受ケス偏セス党セス正理ニ仗リ公道ヲ履ミ国家ノ特性ヲ発育シテ自主ノ精神ヲ振作シ政務ノ改良ヲ促進シテ経営ノ完備ヲ企画シ以テ国家ノ隆盛ト人民ノ慶福トヲ崇進セントス

こうした政党不信は、翌年七月十七日に柏田が松方首相に宛てた書簡において、より直接的に表現されている。すなわち柏田は、民党の政府「離間之策」によって「薩摩温和派之人々分離致候様」になりつつあり、このまま民党が「殆んと破壊党と同様に相成候時ハ、政府之困難ハ非常と覚悟をせらるを得さる次第」と警戒していた[58]。先述の通り、柏田は国会開設後の「政党之効用」として、世論の動向を反映した政権交代を挙げていたが、実際の民党はその期待を裏切るものだったのだろう。柏田のこうした民党への警戒心が、彼をして、同じく民党からの攻撃に苦しんでいた松方の吏党組織化に呼応せしめたものと思われる。

かくして柏田は、第三回総選挙に吏党独立倶楽部から出馬した。対抗馬は現職の宇都宮である。この選挙対策として内務省は、宮崎県書記官だった野村政明を鹿児島県書記官に転任させ、民党側の有力者の引き抜き、吏党加入者の官吏採用といった手段で干渉に当らせたといわれる[59]。実際選挙戦は激しい攻防をみせた。当時鹿児島四区の宮之城で小学校長をしていた本富安四郎は、選挙の様子について次のように記している[60]。

実ニ此ノ総選挙ニ於ケル両党ノ運動ハ頗ル活発ニシテ、其ノ進退掛引ノ模様更ニ戦争ニ異ナラス。……伝令偵察東ニ馳セ西ニ走リ、急ヲ報ジ秘略ヲ告ケ、去来迅疾飛電ノ如ク、一安一危呼吸ノ暇ナシ。各所本支会場ノ周囲ハ悉ク破鞋ノ山ヲ築キタリ

このように激しい戦いが展開され、投票日の六日前の県令から警保局長への報告では「四区敵六〇六票味方六七六票[61]」とリードしながら、最終的にはわずか二十票差で、柏田は宇都宮に雪辱したのである。鹿児島では七選挙区のうち民党は三議席、吏党が四議席を獲ったが、この渦中で九十余名が予防拘束され、二十七名の負傷者が出たという[62]。当選後、柏田はまず大成会などを母体とする中央交渉部に所属したが、これは自由党や改進党を「激派」として、これに対抗する「温和党組織」をもって自認する党派であった。中央交渉部は明治二十五年六月二十日、新たに西郷従道、品川弥二郎を中心とする国民協会を組織することを決定し、その設立趣意書では、「陽は国家の公益を唱へて陰に自家の私利を営み真に国家百年の長計を思ふ者晨星啻ならず」と「激派」を批判、「区々の争轢を為さず協同一致以て国力を長育し国勢を振張すること」を謳い、綱領にも「内政改良」「正費節減・民力発達」「国家須要の事業への積極的助成」「条約改正」「言論集会の自由」を掲げて、政府の積極政策支

持を明らかにした。柏田はその創立委員の一人となっているが、すでにみたこの前後の彼の主張からして、それは当然のことだったろう。八月二十九日、柏田は地元鹿児島で品川らと懇親会を開いてともに演説している(63)。

後述するように、柏田は国民協会の一員として積極的に活動したが、明治二十八年の日清戦争後の三国干渉への対応をめぐって政府・品川と決裂、国民協会を離れて同志倶楽部に属することとなる。柏田は遼東半島の返還を決断した政府を激しく攻撃し、自ら衆議院に弾劾決議案を提出して攻撃演説を行ったが、その憤慨は伊藤博文首相に面会して辞職を勧告させ、品川と絶交させるほどのものであった。この間の経緯について、のちに伊藤博文が鮫島武之助に語った内容を柏田自身が記録した資料がのこされている。それによれば、遼東半島の返還に反対する柏田は弾劾決議案を提出、攻撃演説を展開し、伊藤の大磯別邸を訪れて「閣下還遼ノ責任ヲ負ッテ辞職スルニ非ザレバ、迚モ国民ニ増税ヲ担スル軍備拡張案ハ通過セズト思フ故ニ、国家ノ為ニ此際ハ御勇退可然ト勧告」したという。柏田自身の回想によれば、「民党ヲ以テ自称スル党派ハ、民力休養ヲ本領トシ積極ノ経画ニハ悉ク反対スル」ものであり、これに異を唱える国民協会の「内ニ人権ヲ重ジ、外ニ国威ヲ宣揚スルヲ以テ本領トシ、積極ノ経画ニハ概子賛翼」して、これを「一生ノ方針ト信シ、世上ノ毀誉歯牙ニ懸ケズ献身的ニ尽瘁」してきた。日清戦争に際しても政府に協力すべく、党員の督励と遊説に努めて来たが、その戦果たる遼東半島を手放すとはどういうことかと、柏田は怒りを発したようである。かくして、彼は政府を攻撃、「品川子ト意見衝突シ……激論ノ末絶交シ」、国民協会は世論の支持を失って廃滅すると予測して脱会した(64)。民党への警戒感は一貫したものであり、積極主義と日清戦争への支持もまた熱烈なものがあったが、それだけに、臥薪嘗胆の政府判断も、彼には肯じえなかったのであろう。

六、教育行政

この後柏田は明治三十年三月まで衆議院議員を務めたあと千葉県知事に転出、同年十二月まで在任し、三十一年三月の第五回総選挙で議員に復帰、その年六月末に発足した第一次大隈内閣から第二次山県内閣にかけて文部次官となり、三十二年四月には茨城県知事、翌年九月に新潟県知事に転じている。この間、彼が一貫して取り組んだのは教育問題であった。

衆議院議員在職中は、専門家によって教育関連事項を検討する文相諮問会議を設立するよう繰り返し求めている。日清戦争下の明治二十八年三月八日、柏田は「教育高等会議及地方教育会議ヲ設クル建議案」を衆議院に提出し、「支那アタリニ連戦連捷デアルト言ッテ、是ニ非常ニ喜デハ決シテ居ラレナイ……今日ハ此日本国民ヲシテ、重大ナル所ノ国民ヲバ拵ヘナケレバナラヌ」と述べ、「此国民ヲバ拵ヘル上ニ就イテハ、勿論教育ガ本デアル」と、教育の重要性を強調した。続けて、現在の教育行政を批判する。教育は「精密ノ調査」と「精密ノ思想」の上で「永遠ノ大計」を決し、「一旦決シタ以上ハ、成ルベク動カナイト云フコト」が肝要であるが、実際の文部行政は、大臣をみても腰掛的人事や「情実的」任用が目立ち、教育の主義も「西洋ノ主義」「東洋ノ主義」「実践主義」「折衷主義」と次々に変遷し、一定していない。これでは「実ニ前途憂フベキコトデアラウト私ハ思フ」。そこで柏田は次のように、専門家による諮問会議の設置を提案した(65)。

当局者ヨリモ、別ニ教育ニ熟練アル所ノ者ヲバ集メテ、サウシテ其意見ヲバ以テ何事モ定メテ往ク、所謂大臣ノ諮問ヲ受ケ、大臣ノ議案ニ依ッテモヤリマスガ、其意見ヲ大臣ハ諮フテ、サウシテ之レヲバ定メタル以上ハ、成ルベク変ラナイト云フコトニ一定シテ往クト云フコトハ、極ク必要デアラウト思フノデアル……決シテ政党政派ニ関係ナクシテ、一般熟練ナル所ノ者ヲバ、精選シテ其教育会ヲバ組織セラレンコトヲ、偏ニ希望スル者デアリマス

長期的視野に基づく一貫した国民教育の重要性を説く柏田にとって、「政党政派」の争いの結果生じる腰掛人事や情実任用によって教育が混乱していることは、看過しえないものであった。そこには、独立倶楽部の趣意書において「一党一団ノ利害ヲ重シテ遂ニ国家ノ隆替ト人民ノ休戚トハ措テ顧ルニ遑アラサル」と政党を批判し、自らは「集散極リナキ各党ノ外ニ立チ……国家ノ隆盛ト人民ノ慶福トヲ崇進セントス」と謳った精神の具体的実践をみることができよう。

この建議案は全会一致で承認され、貴族院でもほとんど反対なく通過した。文部省側の反応はにぶかったが、明治二十九年十二月、ようやく勅令として高等教育会議規則が発令され、帝国大学総長、文部省各局長、学識経験者などによる文相諮問会議が設置されることとなる。しかし、この規則では権限規定があいまいで審議すべき事項も明記されていなかったため、「設置以来其ノ組織、権能ニ関シテ世間ノ非議囂囂トシテ止マズ」[66]という状態となり、柏田自身も強い不満を抱くようになる。明治三十一年六月四日、柏田は追加予算審議の中で、「唯今ノヤウナ高等教育会議デアッタナラバ、吾々ガ希望スル所ノモノニ少シモ副フコトハ出来ヌ」と非難し、組織・権限の変更を求めた。[67]この直後の

六月十七日、高等教育会議規則が改正され、文部省直轄学校の学課過程、学齢児童の就学義務、小学校授業料などの諮問事項を列挙、構成員に私立学校長、東京学士院会長などが加えられた。

こうした教育への関与と影響力があったためであろう。柏田はこの後六月三十日に発足した第一次大隈内閣の尾崎行雄文相のもとで文部次官に就任し、教育行政の実務に携わることとなる。彼の在任期間中、明治三十二年二月には勅令として高等女学校令、中学校令、実業学校令が発せられ、女子教育、実業教育の基礎が作られている。この制定過程で柏田が具体的にどのような役割を果たしたかは判然としないが、これまでの学区取締、県会議長、第四高等中学校長、そして衆院議員としての教育行政への積極的姿勢から推して、これらの立案・制定に少なからぬ影響力を発揮したのはたしかであろう。中等教育の充実も実業学校の設立も、すでに彼が主張してきたところであった。そしてこの経験が、この後の地方行政に生かされることとなる。

七、地方行政と教科書疑獄

明治三十二年四月七日、柏田は茨城県知事に就任した。五月の臨時県会では右の実業学校令に基づいて甲種農学校を設置する予算の審議がもっとも重要視されたようで、「着任早々の柏田にとっては、まさにこて調べであった」が、結局原案通り可決されている。それは、「前歴が文部次官で、事情に通じていたことが幸いしている(68)」といわれるが、柏田としては、自ら制度の策定に関与した教育制度を実地で実現することを求められ、それに応えていったわけである。翌明治三十三年度予算では、勧業・教育に重点がおかれ、高等女学校と中学校五校の新設が盛り込まれた。柏田は明治三十三年九月、新潟県知事に転じるが、その際地元紙『いはらき』は、「教育に、勧業に、将たあらゆる県治の上にみるべきものあると期したり。特に其教育に於ては、最とも閣下の手腕を俟ち、大いに刷新せられて、益々発達の域に進むべきを信じ、其良二千石を得た」と、特にその教育行政の手腕を讃えている。[69]
新潟県知事に着任した柏田は、『新潟新聞』の取材に応えて、推進事業の「大本」として、「普通教育の普及と普通農事の発達を計るのが第一」だと、持論を述べている。彼は、新潟は富裕でありながら「貧富の差が余程隔絶して大地主と小作人との間に非常に差別がある」ために「普通教育の程度は余程劣等」であるとみていた。[70] そこで十一月一日には県下の大地主を招集、苗代改良、耕地整理にあわせて、普通教育の普及についても「新潟県は今尚百人に就て七十人の就学者のみ……予は明年を期して百人中八十人、明後年を期して百人中九十人の就学児童を出す決心を以て新設学校等の設備も総て之に標準したる訳なれば諸君に於ても何分の御尽力を仰ぎ度きものなり」と求めている。[71]
かくして柏田は十一月の県会に、「教育五ヵ年計画」を諮問、その賛同を得て計画を実施していった。これにより、明治三十五年から三十七年にかけて中学校四校と工業学校、農業学校各一校の六県立学校が誕生している。実業学校や小学校などへの教育補助費も新設し、教育補助費総額は前年度予算の十五倍に達した。就学率の向上についても、郡書記が各町村を巡回して役場の吏員を指導、親を説諭して、明治三十四年には目標を超えて九十一％にまで上昇した。[72] 柏田自身も県内各地を行脚して、訪問先の小学校では教室を巡視、教師一同に就学・出席督励・身体衛生について訓辞したという。[73]
柏田が地元の明治三十四年十二月発行の同窓会誌に書き送ったところによると、これまでの知事は冬の期間東京に出掛けて寒さを避けるのが通例だったため、この巡視は「衆目が驚いてみるところとなり、従来のしきたりを踏襲する風習を打破」するものとなり、一日に五、六里ずつ歩いては学校や役場を訪問、訓諭的な演説を行って「聴衆に衝撃を与えた」という。教育の状況については、「普通教育の普及程度はいかにも低い」としながらも、教育五ヵ年計画に自信を持っており、「この計画が実行されたあかつきには、全国のいずれの県にもさほど劣らないものになることと心ひそかに喜んでいる」と書いた(74)。

しかし、柏田はこうした計画の実施をすべて見届ける前に、知事の職を追われることとなる。すなわち明治三十五年十二月、大手出版社が小学校教科書売り込みのために知事や学校長など教育関係者に収賄した事件が発覚し、柏田は新潟県知事の休職を命ぜられて逮捕、起訴されたのである。予審では官吏収賄罪とされ、第一審では収賄には問われなかったものの小学校令違反で罰金二十五円を宣告されて、明治三十六年九月に被告検察双方からの控訴が棄却、判決が確定した(75)。柏田はこの判決に強い不満を持っており、晩年まで繰り返し政府に救済を求めることになるが、たとえば明治三十七年二月には、司法大臣に宛てて次のように「緊急意見書」を提出している。柏田の怒りがよくあらわれているものと思われるため、引用しておきたい(76)。

私に関する今回の疑獄は、初めから終わりまで怪しい奇妙なことばかりで、検事は悪人が一方的にいったことを盲信し、その言葉の真偽を確かめるために必要な捜査を行わず、さらに甚だしいのは、その悪人の自白をゆがめ、ないことをあるように偽って上申し、予審判事はまた悪人が言わないことを捏造して予審を決定しました。一審においては、小学校令にないことを捏造し、これをもって被告の弁解は言い逃れに過ぎない、また認め難いと決めつけ、二審においては、株式会社を一つの商会とみなして社長を主人と偽証して悪人の会社に対する関係を無視しました。……この教科書事件は理解に苦しむ始まり方をし、不思議な終わり方をしています。これを潔白にする責任は誰に帰するのでしょうか。真に立派な帝国法を守るためにも痛恨に堪えません。

しかし、柏田に救済の手が差し伸べられることはなかった。柏田の晩年には、教育行政への深い関与が暗い影を落とすこととなったのである。

八、むすび

柏田盛文の原点は、西南戦争にあった。「自由同等」「民権進動」「不羈独立」「自主自治」を尊重する思想と、学校建設によって暴発を抑止しようという教育への関心は、その後の政党人、代議士、教育者としての人生の基盤を形成することとなる。柏田がはじめて中央政界に打って出た明治二十三年、衆院議員候補の彼を紹介した大久保利夫は、「大ニ自由民権ヲ唱道シテ東西ニ奔走シ中頃永ク地方議会ノ枢機ヲ握リテ専ラ県下ノ公益ヲ計リ今ハ身ヲ教育上ニ措キテ鞠躬力ヲ人材陶冶ノ術ニ尽クシテ怠ラサル者」(77)とその経歴をまとめているが、当時の彼の評価点がよく表現されていよう。

しかし、選挙で敗れた柏田は民党攻撃に転じたため、その歴史的評価に芳しくないものを残した。

鹿児島における政党研究の古典的業績である『鹿児島県政党史』は、「柏田と云ふ男は、川内の産で堅実な先覚者の一人であつたが、中途から官僚化して了つて晩年甚だ振はず、不遇を歎じて死んだ由である」[78]と評しているが、それは、「中途」を境に分岐した彼の評価を、よく物語っている。しかし、柏田の転機となった第二回総選挙での民党攻撃の背景に、現状「破壊」を目指して政府を困難に陥れるばかりの民党への根深い不信があったことを想起するとき、そこに、かつて政府と人民が接近する場として議会を構想し、政党に政権交代の実現を期待し、やがて自ら県会議長として県令とわたりあって県民利益を追求した「先覚者」の自負をみることはできないだろうか。

政党や政党人が政権攻撃による政権打倒の可能性や正当性を否定して、現政権との協力や妥協によって政策実現を重視する姿勢は、一面で「官僚化」のそしりを、また一面で「実行力」の自負をうみだすこととなる。柏田の民党批判後まもなく、政府の積極政策支持、「実現の党」へと舵を切っていった自由党においてもまた、星亨は実行力の自負を語り、改進党はこれを政府との密通と呼んで批判した。柏田が第一次松方内閣以来積極政策を支持してきた国民協会に属し、かつ国民協会機関紙『中央新聞』（明治二十六年七月十二日付）が、自由党の方向転換をもってほとんど我が主義の下に旗を降ろしたもの、と称したのは[79]、柏田の意見を代弁していたように思われる。その柏田は、「積極ノ経画ニハ悉ク反対スル」民党を難じ、「世上ノ毀誉歯牙ニ懸ケズ献身的ニ尽瘁」する自負のゆえに、やがて国民協会も本領を忘却したとして、これに背を向けることとなった。それは転換期の政府・政党間関係の狭間に生きた「先覚者」にふさわしい、ジレンマと自負であったろう。

ここに政治家・柏田の矜持をみるとするなら、柏田の晩年には、教育行政のスペシャリストとしての自負ゆえの苦痛がにじんでいる。西南戦争前から鹿児島の学区取締、県議、高等中学校長、衆院議員、文部次官、そして知事時代まで一貫して教育への関心と努力をかたむけた彼の生涯にとって、教科書疑獄事件による汚名は、到底受け入れがたいものであったにちがいない。傷心の柏田は、収賄無罪の判決を受けた後においても、先述の通り法相に不当を訴え、さらに自らを拘引した官吏の処置は不法監禁にあたるとして、桂太郎首相に抗議せずにいられなかった。(80)

明治四十三年六月二十日、再び政治の表舞台に立つことのないまま、柏田盛文は腸チフスで没した。六十歳であった。

青山霊園での葬儀には、柏田を知る多彩な面々が集っている。弔詞を読んだのは、かつて民党攻撃をめぐって提携した松方正義であり、同郷人として大山巌、山本権兵衛のほか、鹿児島の民党攻撃を主導した樺山資紀、県議会議長時代しのぎを削った元県令・渡辺千秋、また文部次官時代の大臣・尾崎行雄、教育界からは杉浦重剛と、貴衆両院議員、文学者、教育者など二百余名の会葬者があったという。(81) 明治がまもなく終わろうとするこのとき、それぞれの胸中には、「堅実な先覚者」の面影、「官僚化」の光と影、「不遇」の日々、さまざまな柏田の相貌が去来していたことであろう。

註

(1) 板垣退助監修『自由党史』中巻（岩波文庫、昭和三十三年復刻）、薩藩史料調査会編『鹿児島県政党史』（薩藩史料調査会、大正七年）、鹿児島県議会編『鹿児島県議会史』第一巻（鹿児島県議会、昭和四十六年）、芳即正「鹿児島政党史（一）―（一〇）」（『三州談義』創刊号―三巻七号、昭和三十二年十二月―三十四年六月）、南日本新聞社編『鹿児島百年（中）明治編』（謙光社、昭和四十二年）、など。

（2）入来院貞子「柏田盛文について」（『千台』三二号、平成十六年三月）。
（3）大久保利夫『衆議院議員候補者列伝―一名・帝国名士叢伝―』第一巻（大空社、平成七年復刻）、三三四頁。
（4）宮内吉志編『平佐の歴史』（財団法人寺山維持会、昭和六十二年）、一二六―一二七、三三一頁。
（5）前掲『鹿児島県議会史』第一巻、二六六頁。
（6）色川大吉・我部政男監修『明治建白書集成』第六巻（筑摩書房、昭和六十二年）、二五三―二五六頁。
（7）前掲『鹿児島県議会史』第一巻、二六八頁。
（8）江村栄一「自由党結成再論―自由民権史論の一環として―」（『経済志林』四八巻四号、昭和五十六年三月）、六五三頁。
（9）西田長寿編『東洋自由新聞　復製版』（東京大学出版会、昭和三十九年）、宮武外骨解題、八―一二頁。
（10）『東洋自由新聞』明治十四年三月二十七日付。
（11）寺崎修「自由党役員名簿と同党大会出席者名簿」（寺崎修『明治自由党の研究』上巻、慶應通信、昭和六十二年、所収）、二五二頁、佐藤誠郎・原口敬明・永井秀夫編『自由党員名簿』（明治史料研究連絡会、昭和三十年）、九頁。
（12）前掲『衆議院議員候補者列伝―一名・帝国名士叢伝―』第一巻、三三五頁。
（13）前掲「自由党結成再論」、六八一頁、前掲「自由党役員名簿と同党大会出席者名簿」、二三九頁。
（14）寺崎修「明治十四年・自由党集会条例違反事件の一考察」（寺崎修『明治自由党の研究』下巻、慶應通信、昭和六十二年、所収）、参照。
（15）安在邦夫「自由党本部報―福島耶麻郡・三浦雄助氏所蔵文書より―」（『福島史学研究』復刊第三二・三三合併号、昭和五十六年十一月）、六四頁。
（16）寺崎修「自由党の設立と自由党地方部」（前掲『明治自由党の研究』上巻、所収）、四一頁。
（17）「細野喜代四郎の活動日誌」（色川大吉『明治精神史』講談社、昭和五十一年、所収）、二五八頁。
（18）前掲「自由党本部報―福島耶麻郡・三浦雄助氏所蔵文書より―」、五四頁。柏田の演題は不明。
（19）前掲『衆議院議員候補者列伝―一名・帝国名士叢伝―』第一巻、三三五頁。
（20）『鹿児島新聞』明治十五年二月二十三日付によれば、柏田が鹿児島に着いたのは明治十五年二月二十日である。ただ、柏田が自由党を脱党した正確な期日については、『自由党本部報』などをみても、判然としない。
（21）以上、水野公寿「九州改進党の結成について」（『近代熊本』二二号、昭和五十八年九月）、六三―六七頁。
（22）水野公寿「九州改進党覚え書」（『近代熊本』一一号、昭和四十五年九月）、三八頁。
（23）前掲『自由党史』中巻、九七頁。
（24）水野公寿「旧九州改進党の再組織過程」（『近代熊本』一七号、昭和五十年九月）、四七頁。

(25) 中山義助編『河野盤州伝』上巻（河野磐州伝刊行会、大正十二年）、四三八頁。
(26) 前掲「自由党結成再論―自由民権史論の一環として―」、六八九頁。
(27) 馬場鉄男「自由民権運動に於ける玄洋社の歴史的評価」（『日本史研究』二八号、昭和三十一年五月）、六三頁。
(28) 『鹿児島新聞』明治十五年四月十二日付、四月十五日付、および出原政雄「鹿児島県における自由民権思想―『鹿児島新聞』と元吉秀三郎―」（『志學館法学』四号、平成十五年三月）、八二頁、参照。
(29) 我部政男編『明治十五年・明治十六年　地方巡察使復命書』上巻（三一書房、昭和五十五年）、二七四頁。「鹿児島改進党」「鹿児島党」は、九州改進党鹿児島部を指すものと思われる。
(30) 前掲「九州改進党覚え書」、三九―五〇頁。
(31) 川内郷土史編さん委員会編『川内市史』下巻（川内市、昭和五十五年）、一〇〇三―一〇〇四頁。
(32) 前掲『鹿児島県政党史』、三六―三七頁。
(33) 「郷友会会則」（『薩藩学事一・鹿児島県師範学校史料（鹿児島県史料集四〇）』（鹿児島県立図書館、平成十三年、所収）、四九頁。
(34) 芳即正「鹿児島学校と三州義塾―史料と政治的背景についての考察―」（『鹿児島純心女子短期大学研究紀要』一三号、昭和五十八年一月）、一〇〇―一〇一頁。
(35) 前掲『鹿児島県政党史』、三九―四〇頁。
(36) この経緯については、第五章、参照。
(37) 前掲『鹿児島県政党史』、四一―五一頁。
(38) 「樺山資紀文書」（国立国会図書館憲政資料室蔵）、所収。
(39) 以下、前掲『鹿児島県議会史』第一巻、五四頁以下、参照。
(40) 『鹿児島新聞』明治十五年三月十六日付。
(41) 前掲『鹿児島県議会史』第一巻、一五〇頁。
(42) 前掲『衆議院議員候補者列伝―一名・帝国名士叢伝―』第一巻、三三五頁。
(43) 井尻常吉編『歴代顕官録』（原書房、昭和四十二年）、七六〇頁。第四高等中学校の設立過程については、谷本宗生「第四高等中学校について」（『地方教育史研究』二三号、平成十四年）、参照。
(44) 大田雅夫『桐生悠々―ある反戦ジャーナリストの生涯―』（紀伊国屋書店、昭和四十五年）、一四頁。
(45) 西田幾多郎「山本晁水君の思出」（竹田篤司他編『西田幾多郎全集』第一〇巻、岩波書店、平成十六年、所収）、四一四―四一五頁。

(46) 前掲『鹿児島県議会史』第一巻、三〇七―三一四頁。
(47) 前掲『鹿児島百年（中）』、三五七頁。
(48) 前掲『鹿児島県政党史』、五四―七二頁。
(49) 前掲『鹿児島県政党史』、九二頁。
(50) 前掲『鹿児島県議会史』第一巻、三一一頁以下、参照。
(51) 『読売新聞』明治二十四年九月二十日付。
(52) 前掲『鹿児島県議会史』第一巻、三一一頁、前掲『鹿児島百年（中）』、三五八頁、芳即正「鹿児島政党史（八）」（『三州談義』三巻二号、昭和三十四年二月）、二二頁。
(53) 『東京日日新聞』明治二十四年八月二十六日付。
(54) 『読売新聞』明治二十四年七月九日付。
(55) 河島醇「第二帝国議会」『国民之友』明治二十四年九月二十三日号。
(56) 『東京朝日新聞』明治二十四年九月十五日付、九月二十日付、九月二十二日付、『東京日日新聞』明治二十四年九月二十日付、『読売新聞』明治二十四年三月二十九日付、七月九日付、八月二十三日付、十月二十六日付。なお、河島は板垣総理就任後、「怪傑星亨が恣に操縦する自由党の行き方に嫌気がさした」といわれており（河島弘善『河島醇伝』河島醇伝刊行会、昭和五十六年、一三三頁）、彼の非総裁論、自由党分離論の背後には、この星との対立があったものと推察される。実際、進歩党との提携が星らによって退けられて後、河島は自由党を脱党、明治二十五年三月の第三回総選挙には無所属で立候補し、当選している。
(57) 『鹿児島新聞』明治二十四年九月十九日付。
(58) 松方峰雄他編『松方正義関係文書』第六巻（大東文化大学東洋研究所、昭和六十年）、一〇〇頁。本書簡は発信年を欠いているが、文中明治二十五年六月設立の国民協会のことが触れられ、また後藤象二郎を閣僚として記し、かつ松方に民党との決別、国民協会との協力を求めていることから、これは後藤逓信相を配した第一次松方内閣末期の明治二十五年七月に記したものと判断した。
(59) 前掲『鹿児島県議会史』第一巻、三一一頁。
(60) 前掲『鹿児島県議会史』第一巻、三一三頁。鹿児島四区の詳しい選挙戦の模様については芳即正「鹿児島政党史（一〇）」（『三州談義』三巻七号、昭和三十四年六月）、三四頁、参照。
(61) 「松方正義文書」（国立国会図書館憲政資料室蔵）、R28。
(62) 前掲『鹿児島県議会史』第一巻、三一四―三一七頁。

(63)『中央新聞』明治二十五年五月十八日、六月二十一日、明治二十六年六月二十四日付、『読売新聞』明治二十五年八月三十日付。
(64)前掲「柏田盛文について」、九〇—九一頁。
(65)衆議院『帝国議会衆議院議事速記録』第九巻（東京大学出版会、昭和五十四年）、七八八—七九〇頁。
(66)吉村寅太郎『日本現時教育』（金港堂書籍、明治三十一年）、二二三頁。
(67)衆議院『帝国議会衆議院議事速記録』第一三巻（東京大学出版会、昭和五十五年）、二四九頁。
(68)森田美比『茨城県政と歴代知事』（暁印書館、平成三年）、八九—九〇頁。
(69)前掲『茨城県政と歴代知事』、九一—九二頁。
(70)『新潟新聞』明治三十三年九月二十二日付。
(71)『新潟新聞』明治三十三年十一月二日付。
(72)新潟県議会史編さん委員会編『新潟県議会史』明治編2（新潟県議会、平成十四年）、五一一—五六八頁。
(73)前掲『新潟県議会史』明治編2、九四頁。
(74)『回天同窓会会報』第三号（明治三十四年十二月二十五日）。これは、同誌に掲載された柏田の原稿を、のちに遺族が現代語に直したものであり、柏田耕治氏（柏田盛文令孫）よりコピーを提供していただいた。以下、同誌からの引用についての事情は同じ。
(75)この事件については宮地正人「教科書疑獄事件」（我妻栄等編『日本政治裁判史録　明治・後』第一法規出版、昭和四十四年、所収）、および『読売新聞』明治三十六年五月十四日付、八月六日付、十二月二十三日付、参照。
(76)『回天同窓会会報』第一〇号（明治三十七年三月二十五日）。
(77)前掲『衆議院議員候補者列伝—一名・帝国名士叢伝—』第一巻、三三四頁。
(78)前掲『鹿児島県政党史』、一四頁。
(79)坂野潤治『明治憲法体制の確立—富国強兵と民力休養—』（東京大学出版会、昭和四十六年）、六八—一〇〇頁。
(80)『読売新聞』明治三十七年二月一日付。柏田は明治四十年九月、西園寺公望首相にも陳情書を送り、判決の不当を訴えて救済を求めている。その陳情書（前掲「柏田盛文について」、一一二頁）には、「元勲ノ領袖山縣侯ハ往年ノ疑獄ハ寔ニ軽率ニシテ遂ニ陛下ヲ奉煩ランコトヲ恐レ清浦法相ヲ呼ンテ痛ク警告セシモ其効アラサリシハ残念ニ堪ヘサリシト明言セラレ又当時ノ総理大臣桂伯ハ法官ノ判決ハ全ク誤認ト信セシモ首相ノ権ヲ以テシテモ亦如何共難致併シ気ノ毒ト思フ情ハ当時ヨリ今日ニ至ル迄毫モ変セスト明言セラレタリ」と、元老・山県が清浦法相に警告して柏田の救済を求めたが効果がなく、残念だと語っていたこと、また桂首相も判決は誤認と考えたがどうにもならず気の毒だと思っていたことが記されている。山県や桂が理解を示していたのは注目されるが、彼らが動いてもどうにもならなかった判決は覆ることのないまま、二年後に柏田はこの世を去ることになる。

(81)『読売新聞』明治四十三年六月二十五日付。柏田家の墓は現在も青山霊園にあり、墓碑は新しくなっているものの、場所は盛文埋葬時と変わっていない（一種イ一〇号一九側）。故郷鹿児島県薩摩川内市平佐町にも、墓と来歴を記した記念碑がある。

補章　戦時下の鹿児島県警察
——挙兵参画の論理と行動——

一、はしがき

明治十年（一八七七）二月、西南戦争が勃発すると、鹿児島県警察たる鹿児島県第四課の警部巡査の多くが薩軍に加わった。当時第四課長であった中島健彦は薩軍二番大隊二番小隊長として従軍し、城山で戦死、中島従軍後第四課長を引き継いだ右松祐永は薩軍の後方支援を担当し、戦後、懲役五年の刑を受けた。西郷隆盛暗殺を企てたとして中原尚雄や柏田盛文、田中直哉等を逮捕、取調べたのも、この第四課である。政府軍による鹿児島制圧後、第四課は閉鎖され、政府によって設立された東京警視出張所に取って代わられることとなる。

内乱に際して警察機関が反乱軍に与し、戦後多くの逮捕者を出したばかりでなく、組織そのものも閉鎖されたという事実は、我が国警察史上きわめて重要な出来事であったといわなければならないが、しかし、かつて手塚豊博士が、「西南戦争と鹿児島県警察との関連は、明治警察史において、極めて興味ふかい一課題であるが、これまでほとんど考証されたことがない」[1]と指摘したごとく、西南戦争と鹿児島県警察の関係については従来、十分な検証がなされてこなかった。鹿児島県警察の公式記録たる『鹿児島県警察史』[2]においても若干触れられてはいるものの、警察の戦争参加の経緯や戦争での役割、戦後の処分、そして第四課廃止や東京警視出張所の設置の経緯などについては概説的記述にとどまっており、不十分の感を否めない。

そこで本章では、鹿児島県警察と西南戦争との具体的かかわりについて論じたい。西南戦争における鹿児島県警察の関与としては、第一に、戦争勃発を受けて中島第四課長以下の警官が薩軍に従軍し、第二に、戦争中、第四課が治安維持・後方支援を担った、という二つの側面があった。本章では主に、国事犯となった鹿児島県警部の裁判での口供などをもとに、これら二つの側面について考察し、今回判明した限りで、西南戦争に参加した鹿児島県警部の処分についてまとめたい。あわせて、第四課が廃止されて東京警視出張所が警察権を担う経緯と、その職務についても論じようと思う。

二、戦争の開始と警部・巡査の参戦

明治八年十一月に太政官第二〇三号達として「府県職制並事務章程」が発布されたことに伴い、鹿児島県では翌年四月、第一課（庶務）、第二課（勧業）、第三課（租税）、第四課（警察）、第五課（学校）、第六課（出納）の六課制が採用された。初代の課長については判然としないが、西南戦争勃発時点での第四課長は一等警部・中島健彦であった。[3]

中島は天保十四年生まれ、島津忠義の小姓を経て戊辰戦争では薩摩隊の監軍を務め、明治二年に鹿児島常備隊陸軍教導、同四年には近衛陸軍大尉、さらに陸軍大将副官となるが、明治六年政変での西郷隆盛下野に応じて帰郷、やがて鹿児島県第四課長となった(4)。

開戦直前の明治六年二月三日、開戦の直接的な名義となる西郷隆盛暗殺疑惑の容疑者が逮捕されると、中島はこの尋問を指揮した(5)。西郷が挙兵すると、中島は自らが二番大隊二番小隊長として出征する一方、部下に従軍を促したり、また従軍を求める部下に部署を割り当てたりしている。

たとえば三等警部・河野通英に対しては、「中島云、今度西郷隆盛政府へ尋問ノ為メ私学校党ヲ率ヒテ上京ニ決シタリ、足下モ登ラザルヤ」と持ちかけ、これに対して河野が「自分ハ戊辰ノ役銃創ヲ負ヒ歩行モ充分ナラザル故、可相辞トモ存ジタレ共……然ラバ相当ノ役ヲ命ジ呉レヨト相答ヘ」、中島は「第一大隊一番小隊ノ小荷駄ヲ命」じたという(6)。一方、三等警部・中山盛高の場合は、「西郷隆盛等兵ヲ率ヒ上京ニ付、自分ニモ相当ノ役目アラバ随行致シ度ト中島ヘ頼入候処、二番大隊大小荷駄被申付」と、自分から中島に従軍を申し入れたと述べている(7)。この点は、のちに薩軍中隊長となる四等警部・宮内康寧も同様で、「自分ヨリ中島健彦ニ依テ従軍ヲ望ミ、第二大隊二番小隊ノ押伍ニ編入セラレ」たとしている(8)。ただ、中には七等警部字宿栄之丞のように、二月五日に「西郷氏ヱ行逢」、「随行致給候様申入候処……参呉候哉、左候ハ、椎原国幹参度との事故、彼ヱ付添呉候様承」と西郷に直接従軍を願い出てこれを許され、「五番大隊大小荷駄ニて出府」するよう命じられた例もあった(9)。

かくして続々と第四課警部が薩軍に参加する中、参戦しないと片身が狭い雰囲気も生まれたようで、たとえば四等警部・美代清容は、「西郷隆盛自ラ私学校党ヲ率ヒ上京ニ決シタリト承リ候折柄、同僚木脇盛清自分ヲ呼出シ、同僚中孰レモ西郷ニ随行ヲ乞ヒ候ニ、ヲマヘ独リ何タル事モ無之由、如何スル積リヤ」と問い詰められ、「自分モ固ヨリ随行シ度志願ナル旨相答ヘ、直チニ中島健彦ニ面会シ従軍ノ儀倚頼致シ置キタル処、一番大隊二番小隊ノ給与方ニ編入セラレ」たという。[10] 木脇は美代より二歳年下の七等警部であり、上級の年長者に対してこうした追及がなされること自体、当時の第四課が殺伐とした雰囲気であったことをうかがわせる。

鹿児島県ではすでに明治九年末から、中島健彦、野村忍介といった私学校幹部をはじめとして、警部、巡査の多くを私学校関係者から採用しており、県警察は戦前から私学校派一辺倒の情勢にあった。[11] これを主導したのは西郷と大山綱良県令だったようで、実際、当時島津久光に随行していた市来四郎の著作「丁丑擾乱記」によれば、西郷は大山宅を訪れて中島と野村を「警部ニ任スヘシ」と提案、「大山曰ク、以来私学校員ヲ以テ警部巡査或ハ区戸長ニ任シ、該学校ノ盛大ヲ謀リ、他日ノ用ニ宛ン」と大山も応じて、警部・巡査の人選が定まったという。[12] 人事のみならず業務においても、「鹿児島県下動静探索のため県外から派遣された探偵（巡査）の進入防止ならびに旅行者、なかでも僧侶の行動については、官に通ずるものとして厳重な視察取締りを行った」といわれ、実際、彼らによって中原尚雄以下の西郷暗殺容疑者が逮捕され、また大洲鉄然らの真宗僧が多数捕縛されることになる。[13] 彼らが薩軍に参加したのも当然であった。

なお、右の証言では、警部は主に、「荷駄」「給与」といった後方支援部隊に配置されていたことがうかがえるが、これは証言を残した生存者に後方部隊の者が多かったためにすぎず、実際には前線に配置された者も少なくなかったと推測される。実際、二等警部・仁礼景通をはじめ、七等警部・浅江直誠、同・佐藤信継などは、いずれも小隊長として戦死している。[14] もっとも、所属部隊は第四課としてまとまってはおらず、また役割も一等警部が小隊長、二等警部が分隊長、七等警部が小隊長と、警部としての官等とはほとんど無関係であったことが注目される。官等よりも藩士時代の家格や私学校における秩序が反映されていたのかもしれない。

三、第四課の活動

さて、中島健彦が出征したことから、第四課長は第五課長・右松祐永が兼任することとなった。右松は当時二十九歳、戊辰戦争では薩軍参謀を務め、のち県庁に出仕、当時鹿児島県一等属第五課長の立場にあった。[15] 右松は兼任の経緯について、「二月十四《ママ》日西郷隆盛等出発ニ付、第四課ノ者共一同随行スル趣ニテ自分ハ一等警部兼任、第四課ヲモ担当スルコトニナレリ」と述べている。[16]

第四課長就任後、右松は西郷暗殺計画容疑者の取調べ、検事への書類送検などを引き継いだものの、警部巡査の従軍により欠員が生じたため、まず木藤武章、伊藤貞憲、谷村純孝、黒江景範らを警部として採用することとなった。[17] 第四課ではすでに、暗殺容疑者の取調べに際して鹿児島裁判所に勤務していた中山盛高らを警部に採用しており、[18] これらが新しい第四課幹部を構成することとなる。

さらに、大山県令は二月二十日、各地の治安を維持するためとして、正副区長と学区取締を警部に準ずるものとする次の指令を発した。[19]

各区正副区長並ニ学区取締之儀当分之内該区内ニ限リ準警部兼務申付候条警部ヘ合議致シ取締向等何篇行届候様可相心得此旨相達候事
　但正区長ハ九等警部ニ準シ副区長学区取締ハ十等警部ニ準ス

右松によれば、巡査についても大山の指示を受けて次の措置がとられたという。(20)

西郷共出発後ハ警部巡査不足ニ付、大山綱良ノ差図ヲ受ケ巡査新任差向二百人程相設ケ諸郷ヘ派遣セシメ、猶不足ノ節ハ其地方ニ於テ、派遣警部ノ見込ヲ以テ適宜増加スル事ニ取極着手候事

薩軍への従軍による員数不足を受けて急遽巡査を二百程度増員して各地に派遣し、さらに不足分は各地方の警部が適宜採用することとしたわけである。
採用の方針として右松は、「巡査ハ士族老幼ヲ論セス募ルヘシ」(21)と述べており、実際、身分年齢を越えた採用が行われたようである。具体的な巡査募集の様子について「丁丑擾乱記」は、次のように伝えている。(22)

三月十八九日頃ヨリ多クノ巡査ヲ募レリ、士族・平民ヲ論セス、老幼ノ別ナク、懇望セルハ素ヨリ、望マサルモ日々二三百名モ命シタリ、十三四年ノ少年ヨリ五六十年ノ輩モ競テ懇願セリ……旧門葉ノ二三千石モ領シタ輩迄モ悉ク募タリ

年齢、身分に関係なく巡査が任じられていることが察せられよう。

巡査に期待されたのは治安維持だけではなかった。西郷は警部巡査の採用にあたる右松に、「巡査兵ヲ増加シ出入ヲ厳ニシ、所々炮台ヲ築キ官軍ヲ抗拒シ、一県割拠ヲ主張」する書面を送ったというが、[23]それは巡査に県境警備と各地での抗戦を求めたものだったのである。実際、巡査として採用された者のうち、若者は主に前線へ送られ、高齢者や身体虚弱な者が警邏活動に就いたようで、警邏を担当したある巡査は、自ら高齢であることや「平素弱体」であることを、「兵役相断町内警邏等ノ世話」にあたった理由に挙げている。[24]

巡査募集は、いわば「陽ニハ人民保護ノ名ヲ以テシ、陰ニ肥地ニ向ワンノ募兵[25]」であったわけだが、四月下旬からは、より本格的な募兵活動が行われていく。まず、第四課による募兵の具体的経緯について、右松は次のように述べている。[26]

> 本年三月中、桐野利秋ヨリ中山甚五兵衛ヲ以テ募兵ノ儀県庁ヘ相迫タルニ付、田畑常秋ノ差図ニ依リ出兵望ノ者ハ出張不苦段、夫々各区ヘ達置候処、追テ差向不用ノ趣申越候付、差控サセ置候処、其後田畑常秋死後中山甚五兵衛ヨリ、下モ方ノ者共ヘ出兵相達候可然哉自分ヘ打合候ニ付、可然段相答候処、甚五兵衛ヨリ第四課常務掛阿多助左衛門ト共々谷山、木入、指宿外十一ヶ所ヘ向ケ、蒲生郷ヘ屯営致ベキ旨四月廿四日第四課ノ名義ヲ以テ相達候趣、追テ承知仕候事。

桐野利秋からの要請による募兵活動は一旦中止されていたが、その後中山甚五兵衛（盛高）から再び南西海岸地方で募兵したいとの要請があり、右松も同意、これを受けて四月二十四日、第四課名をもって蒲生に屯営するよう命じられたわけである。四月十四日に政府軍が熊本城との連絡路を開通させ、戦況は薩軍不利に転じており、募兵もその対応の一環ではないかと思われる。

右松は政府軍による鹿児島県庁制圧後の四月二十九日に拘留されているが[27]、その後の取り調べで募兵した人数・方法を問われて、「確ニ不知、又員数ハ五千人内外の風評」と五千人内外であると示唆し、さらに「募リ方法ハ、警部等ニ依頼セザレバ迚モ十分ニ募リ得ル事出来ザルベシ、故ニ小子モ之ニ関係シテ募兵ノ助ケヲ為シタリ」と述べている[28]。のちに見る右松への判決によれば、この時も彼は「取締」を名目として募兵をしたらしい。

一方第四課では、右松が宮崎に派遣する六等警部・田中鼎輔に対し、「行政警察ニ尽力スルハ勿論、他県人ト身受ケバ厳重ニ取調、猥リニ通行為致間敷旨示置」たように、県境の監視を強め、また県内で所持品や行動に不審ある人物を逮捕して糾問するなどしていた[29]。たとえば、東京から川上親賢ら三名が薩軍への従軍を理由に帰県した際、「右松祐永ヨリ……名ヲ従軍ニ仮リ其実政府ノ内命ヲ受ケ探偵ニ罷越シタルニ相違アルマジ迚、木藤武章ヘ厳敷吟味スベシト申付ラレ」、この場に陪席した黒江景範によれば「巡査四五名ニ命ジ警棒ヲ以テ非法ニ殴打為致タ」という[30]。三月末ごろからは、戦地から帰県した負傷兵について、「警察署ニ呼ヒ出シ、肥地ノ戦況勝敗ヲ語ルヲ禁シ、或ハ語レル者四五名アリシヲ、厳シク呵責入檻セシメタリ[31]」と、口止め、監禁を行い、戦地情報の漏洩防止も図っていたようである。

このように、戦時下の鹿児島県第四課では、警部巡査の出征に伴ってこれを多数補充採用し、巡査を前線に送り出す一方、五千名に及ぶ兵を募集し、また県境の警備、県内の不穏分子の取り締まりを行って、薩軍を支えたのである。

四、警部・巡査の廃止と東京警視出張所の設置

明治政府にとっても、警察の薩軍参加のインパクトは大きかった。

開戦前の明治九年十二月、大警視・川路利良は私学校徒を説得して暴発を防止するため、少警部・中原尚雄以下を鹿児島に派遣するが、その際彼らに「警察職員六千人、若シ私学校ノ如ク愚ニシテ氏(西郷隆盛――引用者)ヲ墨信スルニイタリテハ国家ヲ危カラシムハ疑ハザルベシ[32]」と述べたと伝えられる。戦争前から鹿児島県警察の動静は警戒されていたのである。はたして、政府は彼らの積極的な戦争参加に直面することとなったが、これに対する対応はすばやく、政府軍の別働第一旅団が鹿児島に上陸し、参軍本営を設営して県庁を指揮下に置いた日、すなわち四月二十七日、征討総督名をもって「其県警部並巡査被廃候事」と達せられている。これは、川村純義参軍が翌日付の有栖川宮熾仁総督宛報告書で「警部巡査ノ儀ハ全ク兵員ニ充ンカ為メ徴集セシ者ニ相違無之諸局有害無益ノ輩ニ付此際別紙乙号ノ通廃止ノ義相達候[33]」と述べている通り、集められた警部巡査は兵員にあてるためのものであったとして、これを有害無益と判断したためにほかならなかった。この達を受けた「新任ノ巡査……警部」は、「各力ヲ落シ愁々トシテ家ニ帰ルモノアリ、或ハ怡悦シテ今コソ篭中ノ鳥ニアラス、軍ノ埋草ヲ免レ命ヲ拾ヒタリ……駆出シテ帰家スルモアリ[34]」と複雑な反応だったようである。

第四課はその後しばらく警視局員によって運営され、七月十一日に廃止、翌日東京警視出張所が設置されてその事務を引き継ぎ、鹿児島の治安維持を担うこととなった。川路利良が県令・岩村通俊と協議してこのことが決められたのは、六月二十八日のことであったようである。[35]出張所長となったのは権中警視・綿貫吉直で、東京および近畿各府県から集められた警部・巡査を指揮することとなった。綿貫は元柳川藩士で、戊辰戦争の功によって官途につき、当時は陸軍中佐を兼ねて薩軍との戦争指揮にあたっていた。[36]

警視出張所がその治安回復の役目を終えて廃止され、警察業務が鹿児島県へと移管されたのは、明治十一年十月十五日のことであった。これにより、鹿児島県に警察課が開設されて一等警視・香坂昌邦が課長に就任、さっそく巡査採用試験を実施して合格者を各警察署に配置し、鹿児島県警察としてのあゆみを再開することとなった。十一年末段階の警部の数は三十九名、巡査は七百八十六名であった。[37]置賜県士族の香坂はそれまで警視局に属しており、そこから課長が派遣されたのは、過渡期的措置だったのであろう。

五、むすび——戦争参加者の処分——

これまでみたとおり、鹿児島県第四課では、西南戦争勃発に際して中島健彦課長以下多数が薩軍に参加し、その後、警部巡査を補充、明治政府の勢力が県内に侵入することを警戒しつつ、募兵活動に従事した。

中島は明治十年九月二十四日、城山で戦死したが、右松は先述の通り四月二十九日に捕縛され、十月二十二日、九州臨時裁判所において次のごとき判決を受けている。[38]

鹿児島県一等属兼一等警部奉職中、西郷隆盛等ノ逆意ニ与シ大山綱良ノ指揮ヲ受ケ、川上親賢外四名ヲ警部木藤武章等ヲシテ苛刻《ママ》ノ拷訊セシメ、及桐野利秋募兵ノ催促ニ依リ田畑常秋ノ指図ニ従ヒ、警部奈良原喜格等ヲシテ募兵ノ為各所ニ派遣セシムルノミナラズ、自己ノ意見ヲ以テ陽ニ取締リト称シ陰ニ募兵ニ従事スベシト申含ムル者

兵器ヲ弄シ衆ヲ集メ以テ官兵ニ抵抗スル従、懲役十年ノ処情状ヲ酌量シ

徐族ノ上　懲役五年

九州臨裁は、特に川上らへの拷問と募兵活動をもって、その罪としたのである。

最後に、西南戦争開戦時の第四課警部、および戦争中に警部として採用された人物に対して下された処分についてまとめておこう。薩軍参加者の戦後の処分基準は、主謀・参謀が斬罪、大隊長級が懲役十年、中隊長級懲役五年、小隊長級懲役三年、半隊長級懲役二年、分隊長級懲役一年で、情状により加減され、一般の兵士は原則として免罪とされた。[39] 警部の処分および戦死については、『鹿児島県警察史』に該当する十五名が列挙されているが、これを「鹿児島国事犯人名」（「国事犯人名」国立公文書館蔵、所収）、および西郷南州顕彰会編『西南の役戦没者名簿』（南州神社社務所、昭和五十七年）などによって補い、現時点で判明する鹿児島県警部の西南戦争国事犯・戦死者を一覧にするならば、別表

別表　西南戦争における鹿児島県警部の処分・戦死

階級	氏名	西南戦争での役割	処分（戦死）	備考
一等警部	中島健彦	薩軍二番大隊二番小隊長（のち振武隊長）	戦死	開戦時第四課長
一等警部	右松祐永	鹿児島県第四課長兼第五課長	懲役五年	明治十三年十一月六日特免
二等警部	仁礼景通	薩軍一番大隊七番小隊分隊長	戦死	
二等警部	野村忍介	薩軍四番大隊三番小隊長（のち奇兵隊長）	懲役十年	開戦時鹿児島警察署長
三等警部	河野通英	薩軍二番大隊大小荷駄幹部	懲役三年	
三等警部	中山盛高	薩軍二番大隊大小荷駄幹部	懲役十年	明治十三年一月十四日特免
三等警部	園田敬輔	薩軍四番大隊十番小隊長	懲役二年	
四等警部	柴善次郎	薩軍四番大隊一番小隊給養掛	懲役三年	明治十三年三月四日特免
四等警部	古川将信	不明	戦死	
四等警部	宮内康寧	薩軍二番大隊二番小隊押伍	懲役五年	明治十二年五月十五日特免
四等警部	美代清容	薩軍一番大隊二番小隊給養掛	懲役三年	
四等警部	谷村純孝	鹿児島県第四課詰	懲役一年	
五等警部	木藤武章	鹿児島県第四課詰	戦死	
六等警部	黒江景範	鹿児島県第四課詰	懲役一年	
七等警部	山本矢次郎	不明	戦死	
七等警部	木脇盛清	薩軍五番大隊一番小隊給養掛	懲役三年	
七等警部	浅江直誠	薩軍一番大隊三番小隊長	戦死	
七等警部	園田武一	不明	戦死	
七等警部	佐藤信継	薩軍二番大隊四番小隊長	戦死	
七等警部	宇宿栄之丞	薩軍第五大隊大小荷駄	懲役二年	
七等警部	中山甚蔵	不明	懲役二年	
八等警部	鎌田十太郎	薩軍募兵掛	懲役一年	
八等警部	嶺崎良明	薩軍四番大隊八番小隊長	懲役一年	

出典・鹿児島県史編さん委員会編『鹿児島県警察史』第一巻（鹿児島県警察本部、昭和四十七年）、「鹿児島国事犯人名」（「国事犯人名」国立公文書館蔵、所収）、西郷南州顕彰会編『西南の役戦没者名簿』（南州神社社務所、昭和五十七年）、鹿児島県歴史資料センター黎明館編『鹿児島県史料　西南戦争』第四巻（鹿児島県、平成二十年）より作成。

の通りである。

明治九年十二月時点での鹿児島県警部は、一等警部から十等警部までの、計六十七名であった。[40] 別表のうち戦争中に警部となった右松、木藤、谷村、黒江の四名を除くと十九名となるため、鹿児島県警部のうちおよそ三分の一が懲役刑を下されるか戦死したことになる。兵士として従軍し免罪となった者、隊長として参戦しても訴追を免れた者を含めるとかなりの割合にのぼるはずであるが、明確な数はわからない。

西南戦争において、政府側が膠着する戦局を打開するために士族を募兵し、警視隊として前線に送り込んだことは、よく知られている。それは「士族」によって構成された薩軍を打破するための措置にほかならなかったが、その薩軍側がやはり巡査の名目で募兵し、しかも「士族・平民ヲ論セス、老幼ノ別ナク」これを集めたことは、皮肉な構図であったといえようか。

註

（1）手塚豊「西南戦争前後の鹿児島県第四課長（警察）と、鹿児島警視出張所長―鹿児島県警察本部編『警察風土記』への疑問―」（手塚豊編著『近代日本史の新研究』第Ⅵ巻、北樹出版、昭和六十二年）、六頁。
（2）鹿児島県警察史編さん委員会編『鹿児島県警察史』第一巻（鹿児島県警察本部、昭和四十七年）、第二章「明治十年の役と警察」、参照。
（3）前掲「西南戦争前後の鹿児島県第四課長（警察）と、鹿児島警視出張所長―鹿児島県警察本部編『警察風土記』への疑問―」、九―一一頁。
（4）「中島健彦伝」（黒龍会編『西南記伝』下巻二、原書房、昭和四十四年復刻、所収）、一七四頁。
（5）「野村忍介口供書」（小寺鉄之助編『西南の役薩軍口供書』吉川弘文館、昭和四十二年、所収）、五〇五―五〇七頁。
（6）「河野通英口供書」（前掲『西南の役薩軍口供書』、所収）、五七〇頁。

（7）「中山盛高口供書」（前掲『西南の役薩軍口供書』、所収）、五六六頁。
（8）「宮内康寧口供書」（前掲『西南の役薩軍口供書』、所収）、五七八頁。「戦記人名録　鹿児島籠城記」（鹿児島県立図書館蔵）。
（9）「西南之役従軍記　字宿栄之丞」（鹿児島県維新史料編さん所編『鹿児島県史料　西南戦争』第三巻、鹿児島県、昭和五十五年、所収）、五四三頁。
（10）「美代清容口供書」（前掲『西南の役薩軍口供書』、所収）、五七六頁。
（11）前掲『鹿児島県警察史』第一巻、一五二―一五三頁、鹿児島県警察本部教養課編『警察風土記』（鹿児島県警察本部教養課、昭和四十五年）、一七頁。
（12）市来四郎「丁丑擾乱記」（鹿児島県維新史料編さん所編『鹿児島県史料　西南戦争』第一巻、鹿児島県、昭和五十三年、所収）、九二五頁。
（13）鹿児島県警察本部編『いしずえ』（鹿児島県警察本部、昭和四十八年）、九―一一頁。
（14）「仁礼景通伝」（前掲『西南記伝』下巻二、所収）、三八〇頁、「浅江直之進伝」（同）、一三五頁、「佐藤三二伝」（同）、一八一頁、参照。
（15）「右松祐永伝」（前掲『西南記伝』下巻二、所収）、五四六頁、
（16）「右松祐永口供書」（前掲『西南の役薩軍口供書』、所収）、三三三頁。なお、正式に課長に就任した日付は明らかでない。右松自身は「西郷出足後三日目ニ中島ノ後役ヲ報ジ」と述べていることから、二月二十日と推定されるが、別のところでは「足下警部ヲ奉職ハ何月何日ナリヤ」と追及されると「二月廿日ト覚フレドモ確ト記セズ」と答えており（「非常囚徒未決記録」、前掲『西南の役薩軍口供書』、所収、三八頁）、あいまいである。いずれにせよ、西郷出立後数日の間隔を経て一等警部第四課長に就任したのはまちがいない。
（17）前掲『鹿児島県警察史』第一巻、一六九頁。
（18）明治十年四月五日の大山綱良の供述によれば、二月二日に中島健彦らが「是迄ノ警部ハ重大ノ取糺ヲナシタルコトナク、其作法モ存セサル者共故……当時退職ノ中山行《ママ》高・河野半造ハ事ニ慣レタルモノニ付、今日早速警部ニ任シ呉」と大山に申し出、これを受けて大山が中山・河野を警部に任命、彼らが中原らの取調べにあたったという（「鹿児島一件口供　大山綱良」、前掲『鹿児島県史料　西南戦争』第三巻、所収、一七七頁）。中山は取調べの後、本文の通り薩軍に従軍して募兵などを担った。
（19）前掲『鹿児島県警察史』第一巻、一七〇頁。
（20）前掲「右松祐永口供書」、三四頁。

(21) 前掲「丁丑擾乱記」、九二〇頁。
(22) 前掲「丁丑擾乱記」、九九六頁。
(23) 前掲「右松祐永口供書」、三六頁。
(24) 「西南之役探偵書」(前掲『鹿児島県史料　西南戦争』第一巻、所収)、六三〇頁。
(25) 前掲「丁丑擾乱記」、九九七頁。
(26) 前掲「右松祐永口供書」、三六―三七頁。
(27) 前掲「右松祐永口供書」、三七頁。
(28) 前掲「非常囚徒未決記録」、三九―四一頁。尋問にあたった三等大警部・林誠一は募兵人名記録の所在について右松を追及し、右松はその一部が「第四課ノ白木ノ箱ニ入レ置キタリ」と明かしたが、結局箱はみつからず、林は第四課員退去の際に持ち去られたのではないかと推測している(同、四一頁)。
(29) 前掲「右松祐永口供書」、三五頁。
(30) 「黒江景範口供書」(前掲『西南の役薩軍口供書』、所収)、四八九―四九〇頁。
(31) 前掲「丁丑擾乱記」、九七一頁。
(32) 武藤誠『警察百年記念と鹿児島』(鹿児島県警察協会、昭和四十九年)、七四―七五頁。
(33) 「鹿児島征討始末　三」(国立公文書館蔵)。
(34) 前掲「丁丑擾乱記」、九三四頁。
(35) 以下、前掲『鹿児島県警察史』第一巻、一七七―一八三頁、参照。
(36) 富田安敬編『近世絵本英名伝』(開進堂、明治二十年)、「綿貫吉直」の項。綿貫はのち警視副総監、元老院議官などを務める。
(37) 鹿児島県『鹿児島県理事梗概』(鹿児島県、明治十六年)、一一九頁。
(38) 前掲「右松祐永口供書」、三七頁。
(39) 前掲『鹿児島県警察史』第一巻、一八一頁。
(40) 前掲『鹿児島県警察史』第一巻、一二九―一三〇頁。

終章　二つの道

明治維新から七年、明治六年の政変が終わった頃、政府を去って反政府勢力を形成した鹿児島や高知の士族たちには、二つの道が用意されていた。ひとつは、言論活動を活発にし、演説を展開し、新聞・雑誌を刊行し、建白書を提出し、教育をさかんにしていこうという言論路線であり、もうひとつは、政府の権力者を暗殺し、あるいは政府そのものを、武力をもって転覆してしまおうという武力路線であった。五箇条の誓文に「広ク会議ヲ興シ万機公論ニ決スベシ」とあるように、言論路線は世論に基づく統治を宣言した明治政府にとって、否定しがたい理論的根拠を有しており、彼等がさかんに議会の開設を目指したことも、「広ク会議ヲ興シ」という一節から、これも否定しがたい正当性を有していた。一方の武力路線は、政府とすれば弾圧せざるを得ないが、戊辰戦争からわずか七年の当時、鹿児島や高知の士族にとって、武力による政権転覆という選択肢は、決して絵に描いた餅に終わるものとは考えられなかった。むしろ、維新の政変に参画し、新政府に出仕してきた彼等にとって、辞職した政府は「敵」にほかならず、打倒すべき新たな対象として設定されても不思議ではなかった。

かくして、明治七年一月に民選議院設立建白書が提出されて自由民権運動が開始され、翌月には佐賀の乱が勃発して士族反乱の嚆矢となる。建白書を提出した板垣退助の足下では、高知士族間で言論路線と武力路線とが並行して走っており、それぞれに命をかけた士族たちが次々と事件を起こした。岩倉具視の暗殺未遂、大教院の放火、などがそれである。維新の記憶がいまだ消え去らない当時、武力路線は実に現実的な選択肢であり、それだけに明治政府の側も機敏に反応し、その芽を摘むべく、早期に鎮圧にあたった。民選議院はすぐには実現しないものの、五箇条の誓文は無視できるものではなく、政府内部でも国会開設の試案が作成されていく。

この言論路線と武力路線とを結びつけ、理論化したのが西洋の抵抗権思想であった。折しも明治六年の政変の直後、西洋から翻訳を通じて抵抗権思想が流入し、まず言論をもって政府を攻撃し、それが容れられないようなら武力をもって蜂起すべきだという二段階論が展開され、その思想が不平士族たちに急速に浸透していく。板垣退助も立志社もこの二段階論を受容し、板垣は西南戦争に際しては第二段階に踏み込むべきかを慎重に見極めて、第一段階に留まることを決意した。一方、林有造や大江卓は第二段階に進むことを追求し、やがて逮捕されることになる。

武力路線と言論路線との交錯は、西南戦争の戦場で最も先鋭的にみられた。熊本の民権党は協同隊を結成して薩軍に参加したが、その支配地域では選挙で代表者を選んで自治を進めるなど、開明的な改革を試している。はるか東京では、福沢諭吉が薩摩士族は議会を設立して自治を展開すべきだと主張しており、実際に西南戦争前夜には、福沢の門下生が鹿児島に帰郷し、武装路線の放棄と議会開設を訴えた。田中直哉や柏田盛文などがこれである。田中や柏田は、西郷隆盛暗殺計画の容疑者として薩軍側に逮捕され、のちに釈放されると、鹿児島県下での民権運動の推進に取り組み、自由党系の九州改進党の鹿児島県会議員として活躍する。しかし、鹿児島の民権運動は、その担い手がかつて武装路線をとったことから政府の警戒を呼び、弾圧されていく。鹿児島の政府系団体・郷友会の圧力を受けて九州改進党は解党し、田中は精神を病んで自殺した。

言論路線に身を投じた民権家たちも、武装路線に走った不平士族たちも、自らの理想を実現したいという意欲にはあふれていた。それだけに、その道が閉ざされたことに、田中の精神は耐えがたかったのにちがいない。田中の墓の傍らにある記念碑には、その性格について次のように刻まれている。「温良清介巍然有大志常以利国沢民為己任而節義自持好論古今成敗政治得失世道汚隆人心荒廃」。温良で巍然として大志を抱き、国民の利益と節義を重んじ、政治の得失と人心の荒廃などを語った。そんな純粋な精神のゆえに、戦時下の鹿児島で議会開設と信教自由の実現に奔走し、戦後も県議として地元住民の利益のために走り廻ったのが、田中であった。その竹馬の友であった柏田は理想の実現を求めて、自ら民党を捨てて吏党の立場を取った。明治政府と手を組む方が利益の実現が容易だという判断だったのであろう。

言論路線は西南戦争を経て、全国に広まっていく。福沢諭吉が『国会論』を記して早期の国会開設を訴えたのは明治十二年であり、福沢はその反響の大きさについて、「図らずも天下の大騒ぎになって、サァ留めどころがない、あたかも秋の枯れ野に自分が火を付けて自分で当惑するようなものだと、少し怖くなりました」(『福翁自伝』)と語っている。国会開設運動の盛り上がりを受けて、明治政府が国会開設の勅諭を出すのが明治十四年、実際に帝国議会が開会するのが明治二十三年である。一方武力路線も民権運動の底に滞留しており、明治十七年を中心に激化事件が続発し、犯人たちは抵抗権を主張したが、自由党は明治十七年に解党してしまう。その後、大同団結運動を経て政党が復活し、議会開会に到るのだが、それによってようやく、五箇条の誓文の第一条が実現し、武力路線は現実政治の表舞台からは退場していくことになる。言論路線も、世論の喚起と選挙運動へと、その性質を転換させていった。

本書は、言論路線と武力路線が未だ並列していた時代から、二段階論に整理されていく過程と、西南戦争における路線の選択の経緯、その後の鹿児島の言論路線の動向を追ったものである。本書に頻出する田中直哉と柏田盛文は、慶應義塾出身の鹿児島の民権家として注目したが、調査にあたってその令孫である田中義久氏と柏田耕治氏と出会い、共にゆかりの地を訪ね歩いたのが忘れがたい。時代は流れゆき、田中が身を投げた川内川もその滔滔とした流れを止めることはない。しかし、抵抗による理想の実現に民権家たちが命を託した時代がたしかにあったことを、本書を通して知ってもらえれば幸甚である。

参考文献一覧

〈未公刊史料〉

「岩倉具視関係文書」（国立国会図書館憲政資料室蔵）
「岩倉具視関係文書」（内閣文庫蔵）
「鹿児島征討始末　三」（国立公文書館蔵）
「鹿児島征討始末　別録二」（国立公文書館蔵）
「樺山資紀文書」（国立国会図書館憲政資料室蔵）
「官吏進退」（国立公文書館蔵）
「警視隊四国出張日誌」（東京大学史料編纂所蔵）
「元老院ヨリ引継建白書仮綴」（国立公文書館蔵）
「公文録」（国立公文書館蔵）
「三条実美関係文書」（国立国会図書館憲政資料室蔵）
「戦記人名録　鹿児島籠城記」（鹿児島県立図書館蔵）
「太政類典」（国立公文書館蔵）
「松方正義文書」（国立国会図書館憲政資料室蔵）
「明治十三年自一月至三月公文付録元老院之部一」（国立公文書館蔵）

慶應義塾福沢研究センター編「福沢関係文書」
征討陸軍事務所「密事日記」(防衛省防衛研究所戦史研究センター史料室蔵)
陸軍省「密事書類」(防衛省防衛研究所戦史研究センター史料室蔵)

〈公刊資料〉

新聞

『大坂日報』
『鹿児島新聞』
『時事新報』
『中央新聞』
『朝野新聞』
『東京曙新聞』
『東京朝日新聞』
『東京日日新聞』
『新潟新聞』
『評論新聞』
『郵便報知新聞』
『読売新聞』

文献

『回天同窓会会報』第一〇号(明治三十七年三月二十五日)

『回天同窓会会報』第三号（明治三十四年十二月二十五日）
『衆議院議事速記録』第一三号、明治三十年六月四日
『衆議院議事速記録』第四四号、明治二十八年三月八日
『日本現今人名辞典』（日本現今人名辞典発行所、明治三十三年）
安西敏三『福沢諭吉と自由主義―個人・自治・国体―』（慶應義塾大学出版会、平成十九年）
飯田鼎『福沢諭吉―国民国家の創始者―』（中公新書、昭和五十六年）
家永三郎『植木枝盛研究』（岩波書店、平成十年）
家永三郎編『植木枝盛選集』（岩波文庫、昭和四十九年）
家永三郎他解説・解題『海南新誌・土陽雑誌・土陽新聞』（弘隆社、昭和五十八年）
家永三郎他編『植木枝盛集』第七巻・日記1（岩波書店、平成二年）
家永三郎他編『植木枝盛集』第九巻・日記3（岩波書店、平成三年）
家永三郎他編『植木枝盛集』第一〇巻（岩波書店、平成三年）
家永三郎他編『新編　明治前期の憲法構想』（福村出版、平成十七年）
石河幹明『福沢諭吉伝』第二巻（岩波書店、昭和七年）
井尻常吉編『歴代顕官録』（原書房、昭和四十二年）
板垣退助監修『自由党史』上巻（岩波文庫、昭和三十二年復刻）
板垣退助監修『自由党史』中巻（岩波文庫、昭和三十三年復刻）
井出孫六・我部政男・比屋根照夫・安在邦夫編『自由民権機密探偵史料集―国立公文書館蔵―』（三一書房、昭和五十六年）
稲田雅洋『自由民権の文化史―新しい政治文化の誕生―』（筑摩書房、平成十二年）
色川大吉・我部政男監修『明治建白書集成』第六巻（筑摩書房、昭和六十二年）

宇田友猪著／公文豪校訂『板垣退助君傳記』第二巻（原書房、平成二十一年）
大分放送大分歴史事典刊行本部編『大分歴史事典』（大分放送、平成二年）
大植四郎編『明治過去帳―物故人名辞典　新訂版―』（東京美術、昭和四十六年）
大久保利夫『衆議院議員候補者列伝―一名・帝国名士叢伝―』第一巻（大空社、平成七年復刻）
大阪弁護士会『大阪弁護士史稿（上）』（大阪弁護士会、昭和十二年）
大田雅夫『桐生悠々―ある反戦ジャーナリストの生涯―』（紀伊国屋書店、昭和四十五年）
小川原正道『大教院の研究―明治初期宗教行政の展開と挫折―』（慶應義塾大学出版会、平成十六年）
小川原正道『西南戦争―西郷隆盛と日本最後の内戦―』（中公新書、平成十九年）
小川原正道『近代日本の戦争と宗教』（講談社選書メチエ、平成二十二年）
海南学校同窓会編『吉田数馬先生』（磯部甲陽堂、大正六年）
鹿児島県編『鹿児島県史』第三巻（鹿児島県、昭和十六年）
鹿児島県『鹿児島県理事梗概』（鹿児島県、明治十六年）
鹿児島県維新史料編さん所編『鹿児島県史料　西南戦争』第一巻（鹿児島県、昭和五十三年）
鹿児島県維新史料編さん所編『鹿児島県史料　西南戦争』第三巻（鹿児島県、昭和五十五年）
鹿児島県歴史資料センター黎明館編『鹿児島県史料　西南戦争』第四巻（鹿児島県、平成二十年）
鹿児島県議会編『鹿児島県議会史』第一巻（鹿児島県議会、昭和四十六年）
鹿児島県議会編『鹿児島県議会史』別冊（鹿児島県議会、昭和四十六年）
鹿児島県警察本部教養課編『警察風土記』（鹿児島県警察本部教養課、昭和四十五年）
鹿児島県警察本部編『いしずえ』（鹿児島県警察本部、昭和四十八年）
鹿児島県警察史編さん委員会編『鹿児島県警察史』第一巻（鹿児島県警察本部、昭和四十七年）
鹿児島県立図書館『薩藩学事一・鹿児島県師範学校史料（鹿児島県史料集四〇）』（鹿児島県立図書館、平成十三

年）
鹿児島市史編さん委員会編『鹿児島市史』第三巻（鹿児島市、昭和四十六年）
加治木常樹『薩南血涙史―西南戦争史料集―』（青潮社、昭和六十三年復刻）
我部政男・広瀬順晧・西川誠編『明治前期地方官会議史料集成』第一期第七巻（柏書房、平成八年）
我部政男編『明治十五年・明治十六年　地方巡察使復命書』上巻（三一書房、昭和五十五年）
河島弘善『河島醇伝』（河島醇伝刊行会、昭和五十六年）
川田瑞穂『片岡健吉先生伝』（湖北社、昭和五十三年）
慶應義塾編『慶應義塾百年史』上巻（慶應義塾、昭和三十三年）
慶應義塾編『福沢諭吉書簡集』第一巻（岩波書店、平成十三年）
慶應義塾編『福沢諭吉書簡集』第二巻（岩波書店、平成十三年）
慶應義塾編『福沢諭吉全集』第四巻（岩波書店、昭和四十五年）
慶應義塾編『福沢諭吉全集』第七巻（岩波書店、昭和四十五年）
慶應義塾編『福沢諭吉全集』第六巻（岩波書店、昭和四十五年）
慶應義塾編『福沢諭吉全集』第一九巻（岩波書店、昭和四十六年）
慶應義塾編『福沢諭吉全集』第二〇巻（岩波書店、昭和四十六年）
慶應義塾編『福沢諭吉全集』第二一巻（岩波書店、昭和四十六年）
慶應義塾福沢研究センター編『慶應義塾入社帳』第一巻（慶應義塾、昭和六十一年）
攻玉社学園編『攻玉社百二十年史』（攻玉社学園、昭和五十八年）
高知地方史研究会編『土佐群書集成　第十五巻　林有造自暦談』上・下（高知市民図書館、昭和四十三年）
黒龍会編『西南記伝』上巻二、中巻一、下巻一、下巻二（原書房、昭和四十四年復刻）
小寺鉄之助編『西南の役薩軍口供書』（吉川弘文館、昭和四十二年）

雑賀博愛『大江天也伝記—伝記・大江天也—』（大空社、昭和六十二年）
指原安三編『明治政史』第一（慶応書房、昭和十八年）
薩藩史料調査会編『鹿児島県政党史』（薩藩史料調査会、大正七年）
佐藤誠郎・原口敬明・永井秀夫編『自由党員名簿』（明治史料研究連絡会、昭和三十年）
釈微笑『徳田卯之助伝』（七宝樹林舎、昭和七年）
自由民権百年全国集会実行委員会編『自由民権運動研究文献目録』（三省堂、昭和五十九年）
荘司晋太郎著・植木枝盛検閲『海南愛国民権家列伝』（前川文栄閣、明治十三年）
尚友倶楽部・長井純市編『渡辺千秋関係文書』（尚友倶楽部、平成六年）
尚友倶楽部山縣有朋関係文書編纂委員会編『山県有朋関係文書（尚友叢書一三—一）』（尚友倶楽部、平成十七年）
新藤東洋男『自由民権運動と九州地方』（古雅書店、昭和五十七年）
川内郷土史編さん委員会編『川内市史』下巻（川内市、昭和五十五年）
外崎光広『土佐の自由民権』（高知市民図書館、昭和五十九年）
外崎光広『土佐自由民権運動史』（高知市文化振興事業団、平成四年）
竹内理三他編『鹿児島県姓氏家系大辞典』（角川書店、平成六年）
千葉昌弘『土佐の自由民権運動と教育』（土佐出版社、昭和六十二年）
千葉昌弘『近代日本地域民衆教育成立過程の研究』（梓出版社、平成八年）
多田好問編『岩倉公実記』下・二（皇后宮職、明治三十九年）
妻木忠太編『木戸孝允日記』第三（日本史籍協会、昭和八年）
妻木忠太編『木戸孝允文書』第七（日本史籍協会、昭和八年）
手塚竜麿『東京の各種学校』（都史紀要一七、昭和四十三年）

寺崎修『自由民権運動の研究―急進的自由民権運動家の軌跡―』（慶應義塾大学法学研究会、平成二十年）
寺崎修『明治自由党の研究』上巻・下巻（慶應通信、昭和六十二年）
寺崎修編『福沢諭吉著作集』第七巻（慶應義塾大学出版会、平成十五年）
東京大学史料編纂所編『保古飛呂比　佐佐木高行日記』第五巻（東京大学出版会、昭和四十九年）
東京大学史料編纂所編『保古飛呂比　佐佐木高行日記』第六巻（東京大学出版会、昭和五十年）
東京大学史料編纂所編『保古飛呂比　佐佐木高行日記』第七巻（東京大学出版会、昭和五十年）
遠山茂樹『自由民権と現代』（筑摩書房、昭和六十年）
富田安敬編『近世絵本英名伝』（開進堂、明治二十年）
内藤正中『自由民権運動の研究―国会開設運動を中心として―』（青木書店、昭和三十九年）
中山義助編『河野盤州伝』上巻（河野磐州伝刊行会、大正十二年）
新潟県議会史編さん委員会編『新潟県議会史』明治編２（新潟県議会、平成十四年）
西田長寿編『東洋自由新聞　復製版』（東京大学出版会、昭和三十九年）
日本史籍協会編『岩倉具視関係文書』第七（東京大学出版会、昭和四十四年）
日本史籍協会編『大久保利通文書』第七巻（マツノ書店、平成十七年復刻）
日本史籍協会編『大久保利通文書』第八巻（マツノ書店、平成十七年復刻）
野田秋生『大分県自由民権運動史（概略）』（エヌワイ企画、平成二十三年）
萩原延寿『陸奥宗光』下巻（朝日新聞社、平成九年）
萩原延寿『西南戦争　遠い崖―アーネスト・サトウ日記抄一三―』（朝日新聞社、平成十三年）
坂野潤治『明治憲法体制の確立―富国強兵と民力休養―』（東京大学出版会、昭和四十六年）
平尾道雄『立志社と民権運動』（高知市民図書館、昭和三十年）
平尾道雄『自由民権の系譜―土佐派の場合―』（高知市民図書館、昭和四十五年）

平尾道雄『無形 板垣退助』（高知新聞社、昭和四十九年）
広池千九郎『中津歴史』（広池千九郎、明治二十四年）
広瀬為興『明治十年西南ノ戦役土佐挙兵計画』（高知市民図書館、昭和四十七年）
福沢諭吉『学問のすゝめ』（岩波文庫、昭和六十二年）
福沢諭吉『新訂 福翁自伝』（岩波文庫、昭和五十三年）
福島成行『赤坂喰違の事変―征韓論余聞―』（前田馬城太、昭和二年）
藤等影『薩摩と真宗』（興教書院、大正五年）
前田愛『成島柳北』（朝日新聞社、昭和五十一年）
升味準之助『日本政党史論』第一巻（東京大学出版会、昭和四十年）
松沢裕作『自由民権運動―〈デモクラシー〉の夢と挫折―』（岩波新書、平成二十八年）
松田宏一郎『江戸の知識から明治の政治へ』（ぺりかん社、平成二十年）
松永文雄著『片岡健吉』（中庸堂、明治三十六年）
松方峰雄他編『松方正義関係文書』第六巻（大東文化大学東洋研究所、昭和六十年）
丸山眞男『丸山眞男集』第五巻（岩波書店、平成八年）
丸山眞男『丸山眞男集』第八巻（岩波書店、平成八年）
南日本新聞社編『鹿児島百年（中）明治編』（謙光社、昭和四十二年）
南日本新聞社鹿児島大百科事典編纂室編『鹿児島大百科事典』（南日本新聞社、昭和五十五年）
南日本新聞社南日本新聞百二十年史編纂委員会『南日本新聞の百二十年』（南日本新聞社南日本新聞百二十年史
編纂委員会、平成十三年）
宮内吉志編『平佐の歴史』（財団法人寺山維持会、昭和六十二年）
三谷太一郎『政治制度としての陪審制―近代日本の司法権と政治―』（東京大学出版会、平成十三年）

美土路昌一編著『明治大正史 第一巻 言論編』（朝日新聞社、昭和五年）
宮崎十三八・安岡昭男編『幕末維新人名事典』（新人物往来社、平成六年）
宮崎竜介・小野川秀美編『宮崎滔天全集』第四巻（平凡社、昭和四十八年）
宮村治雄『開国経験の思想史—兆民と時代精神—』（東京大学出版会、平成八年）
武藤誠『警察百年記念と鹿児島』（鹿児島県警察協会、昭和四十九年）
森田美比『茨城県政と歴代知事』（暁印書館、平成三年）
吉村寅太郎『日本現時教育』（金港堂書籍、明治三十一年）
早稲田大学社会科学研究所編『大隈文書』第一巻（早稲田大学社会科学研究所、昭和三十三年）
渡辺隆喜『明治国家形成と地方自治』（吉川弘文館、平成十三年）

論文など

「故伯爵後藤象二郎君ノ談話」（『史談会速記録』一八二輯、明治四十一年）
「細野喜代四郎の活動日誌」（色川大吉『明治精神史』講談社、昭和五十一年）
「松山守善自叙伝」（『日本人の自伝　2』平凡社、昭和五十七年）
新井勝宏「最初の民間憲法草案」（『自由民権百年』四号、昭和五十六年七月）
安在邦夫「自由党本部報—福島耶麻郡・三浦雄助氏所蔵文書より—」（『福島史学研究』復刊第三二・三三合併号、昭和五十六年十一月）
出原政雄「鹿児島における自由民権思想—『鹿児島新聞』と元吉秀三郎—」（『志學館法学』四号、平成十五年三月）
井田輝敏「明治前期の抵抗権思想—福澤諭吉と植木枝盛を中心として—」（『北九州大学法政論集』一〇巻一・二合併号、昭和五十七年十一月）

稲田雅洋「自由民権」（朝尾直弘他編『岩波講座 日本通史』第一七巻・近代2、岩波書店、平成五年）
入来院貞子「柏田盛文について」（『千台』三二号、平成十六年三月）
植手通有「解説」（植手通有編著『明治草創—啓蒙と反乱—』社会評論社、平成二年）
江村栄一「自由党結成再論—自由民権史論の一環として—」（『経済志林』四八巻四号、昭和五十六年三月）
大久保利謙「愛国公党結成に関する史料—奥宮慥斎の日記から—」（『日本歴史』四八八号、平成元年一月）
小笠原幹夫「箕作麟祥の仏学—「国政転変ノ論」を中心に—」（『作陽音楽大学・短期大学研究紀要』二六巻二号、平成六年）
小川原正道「福沢諭吉と勝海舟—江戸城無血開城と人脈をめぐって—」（『福沢手帖』一二一号、平成十六年六月）
小川原正道「西南戦争と宗教—真宗と神社の動向を中心に—」（『日本歴史』六八二号、平成十七年三月）
小畑隆資「『土陽雑誌』考」（『岡山大学法学会雑誌』三二巻二号、昭和五十七年十一月）
小畑隆資「自由民権運動における土佐の諸相—『土陽雑誌』（明治一〇年）に見る土佐民権の特質と意義—」（土佐自由民権研究会編『自由は土佐の山間より』三省堂、平成元年）
尾曲巧「田中直哉—大西郷に抗った薩摩川内平佐の民権論者—」（仙波玲子編『鹿児島純心女子大学国際文化研究センター・新薩摩学シリーズ9 新薩摩学 知られざる近代の諸相 変革期の人々』南方新社、平成二十五年）
影山昇「明治初年の土佐派自由民権結社「立志社」と「立志学舎」の教育」（『愛媛大学教育学部紀要』第一部教育科学・一八巻一号、昭和四十七年三月）
河島醇「第二帝国議会」（『国民之友』明治二十四年九月二十三日号）
芳即正「鹿児島政党史（一）—（一〇）」（『三州談義』創刊号—第三巻七号、昭和三十二年十二月—三十四年六月）

芳即正「九州改進党鹿児島部と郷友会の会員分布」（『鹿児島史学』一七号、昭和四十六年）
芳即正「鹿児島学校と三州義塾―史料と政治的背景についての考察―」（『鹿児島純心女子短期大学研究紀要』一三号、昭和五十八年一月）
久米雅章「明治初期の民権運動と士族」（川嵜兼孝他著『鹿児島近代社会運動史』南方新社、平成十七年）
慶應義塾福沢研究センター「福沢諭吉関係新資料紹介」（『近代日本研究』第二一巻、平成十七年三月）
慶應義塾福沢研究センター「福沢諭吉関係新資料紹介」（『近代日本研究』第二三巻、平成十九年三月）
神代種亮「評論新聞解題」（明治文化研究会編『明治文化全集』第五巻・改版、日本評論新社、昭和三十年）
坂崎斌「明治四十年十一月史談会例会ニ於テ坂崎斌君談話」（『史談会速記録』三六二号、大正十五年十二月）
新藤東洋男「九州の自由民権運動」（『歴史地理教育』三二六号、昭和五十六年三月）
外崎光広「板垣退助と西南戦争」（『自由民権記念館紀要』四号、平成七年三月）
建依別「千頭清臣（上）」（『日本及日本人』五〇四号、明治四十二年二月）
田中明子「サー・エドワード・リードの来日と慶應義塾訪問―市来七之助（野村政明）と福沢諭吉―」『福沢手帖』九九号、平成十年十二月）
谷本宗生「第四高等中学校について」（『地方教育史研究』二三号、平成十四年）
千葉昌弘「坂本直寛（南海男）における自由民権思想の形成―立志学舎における政治教育―」（『高知大学教育学部研究報告』第一部四三号、平成三年）
千葉昌弘「西原清東における自由民権思想の形成と学習・教育活動―立志学舎・出間勤学会・三春正道館等での学習と教育活動を中心として―」（『高知大学教育学部研究報告』第一部五三号、平成九年）
堤啓次郎「九州改進党論」（自由民権百年全国集会実行委員会編『自由民権運動と現代』三省堂、昭和六十年）
手塚豊「西南戦争前後の鹿児島県第四課長（警察）と、鹿児島警視出張所長―鹿児島県警察本部編『警察風土記』への疑問―」（手塚豊編著『近代日本史の新研究』第Ⅵ巻、北樹出版、昭和六十二年）

寺崎修「反体制野党から体制内野党へ―自由党―」（坂野潤治他編『資本主義と「自由主義」』岩波書店、平成四年）
寺崎修「立志学舎と慶應義塾」（『法学研究』六八巻一号、平成七年一月）
富田正文「福沢諭吉と西郷隆盛」（『新文明』一巻一号・二号、昭和二十六年九月・十月）
中嶋久人「民選議院設立建白提出という出来事―主体・スタイル・テーマ―」（安在邦夫・田崎公司編著『自由民権の再発見』日本経済評論社、平成十八年）
中瀬寿一「大阪における〝弁護士民権〟の先駆　島本仲道」（『大阪春秋』三三号、昭和五十七年八月）
西田幾多郎「山本晁水君の思出」（竹田篤司他編『西田幾多郎全集』第一〇巻、岩波書店、平成十六年）
馬場鉄男「自由民権運動に於ける玄洋社の歴史的評価」（『日本史研究』二八号、昭和三十一年五月）
福地惇「立志社の挙兵計画について」（『日本歴史』五三一号、平成三年八月）
松岡僖一「『佐々木高行日記』（一八七七年）を読む」（『高知大学教育学部研究報告』六二号、平成十四年三月）
松岡僖一「『林有造自歴談』を読む―土佐挙兵計画について―」（『高知大学教育学部研究報告』六三号、平成十五年三月）
松岡僖一「メディアと自由民権」（新井勝紘編『自由民権と近代社会』吉川弘文館、平成十六年）
松岡僖一「一八七七（明治十）年土佐に関する新聞報道―一名立志社論・板垣論―」（『高知大学教育学部研究報告』六四号、平成十六年三月）
松田宏一郎「近代日本における「封建」・「自治」・「公共心」のイデオロギー的結合―覚書―」（張翔・園田英弘編『「封建」・「郡県」再考』思文閣出版、平成十八年）
松田宏一郎「福沢諭吉と「公」・「私」・「分」の再発見」（『立教法学』四三号、平成八年）
水野公寿「九州改進党覚え書」（『近代熊本』一一号、昭和四十五年九月）
水野公寿「旧九州改進党の再組織過程」（『近代熊本』一七号、昭和五十年九月）

水野公寿「九州改進党の結成について」(『近代熊本』二二号、昭和五十八年九月)
水野公寿「九州改進党研究の問題点」(『熊本近代史研究会会報』二〇〇号、昭和六十二年一月)
水野公寿「九州改進党」(横山浩一・藤野保編『九州と日本社会の形成』吉川弘文館、昭和六十二年)
箕作麟祥翻訳「国政転変ノ論」(大久保利謙編『明治啓蒙思想集　明治文学全集　三』筑摩書房、昭和四十二年)
宮地正人「教科書疑獄事件」(我妻栄等編『日本政治裁判史録　明治・後』第一法規出版、昭和四十四年)
安丸良夫「民衆運動における「近代」」(加藤周一他編『日本近代思想大系二一　(民衆運動)』岩波書店、平成元年)
山内太郎「正則中学・変則中学」(日本近代教育史事典編集委員会編『日本近代教育史事典』平凡社、昭和四十六年)
山下重一「古沢滋と初期自由民権運動」上(『国学院法学』一三巻三号、昭和五十年一二月)
山下重一「高知の自由民権運動と英学」(山本大編『高知の研究・5・近代篇』清文堂、昭和五十七年)
山下重一「自由民権運動と英学―土佐立志学舎と三春正道館―」(『英学史研究』二五号、平成三年)
吉田健一・鶴丸寛人「竹下弥平の出自と明治私擬憲法草案への明六社の思想的影響について」(『鹿児島大学稲盛アカデミー研究紀要』六号、平成二十七年十一月)

データベース
「自由民権運動研究文献目録データベース」(https://www.rekihaku.ac.jp/up-cgi/login.pl?p=param/jmuk/db_param)(平成二十九年一月十二日アクセス)

あとがき

筆者が西南戦争に関心を抱くようになったのは、博士論文執筆直後のことである。博士論文では、明治初期の民衆教化政策を担った大教院と、その所管官庁であった教部省について取り扱ったのだが、教部省は明治十年一月に廃止され、その業務は内務省社寺局に移管された。博士論文もその明治十年一月の記述で終わるのだが、筆者は東京大学史料編纂所で、「内務省社寺局書類」と題する資料をみつけ、博士論文の続編、内務省社寺局時代の宗教行政を書けるのではないかと期待してページをめくってみた。しかし、そこに記されていたのは、明治十年二月に勃発した西南戦争の戦時下にあって、戦火に巻き込まれた神社や寺院の記録であった。それをもとにした論文「西南戦争と宗教―真宗と神社の動向を中心に―」（『日本歴史』第六八二号、平成十七年三月）を執筆し、西南戦争についても、平成十九年に『西南戦争―西郷隆盛と日本最後の内戦―』と題して中公新書から上梓した。だが、西南戦争勃発のきっかけとなった西郷隆盛暗殺計画の関係者のなかに、のちに自由民権運動家となる面々が含まれていたこと、また、西郷軍にも民権派が参加していたことから、自然と筆者の関心は西南戦争と自由民権運動との関係に置かれ続けた。

板垣退助は、西南戦争における西郷軍の敗戦により、武力による政府転覆の可能性は潰えたと感じ、実際、その後言論による民権運動に力を注いでいった。しかし、その足場であった立志社は私擬憲法案に抵抗権を明記し、実際に自由党激化事件が起こり、多くの自由党員が武装蜂起を起こした。西南戦争は本当に武力革命を放棄させる要因となったのだろうか――。筆者のなかに、ひとつの疑問が浮かんでいたのである。

本書では、反政府運動が明治六年政変後に高揚し、これが武力と言論を車の両輪のようにして展開し、やがて両輪の関係が抵抗権思想によって理論武装され、第一段階として言論が、第二段階として武力が位置付けられたことをあきらかにしたつもりである。各章とも、もはや原型をとどめてはいないものも多いが、筆者がかつて論文として発表したものを基礎としている。その初出を示せば、次の通りである。

第一章「征韓論政変後の政府転覆計画」(『武蔵野学院大学研究紀要』第三輯、平成十八年六月)
第二章「士族反乱と民権思想―西南戦争における板垣退助を中心に―」(笠原英彦編『近代日本の政治意識』慶應義塾大学出版会、平成十九年八月)
第三章「西南戦争期における福沢諭吉の思想―「自治」と「抵抗」をめぐって―」(『日欧比較文化研究』日欧比較文化研究会、第七号、平成十九年四月)※拙著『福沢諭吉―「官」との闘い―』(文藝春秋、平成二十三年)に加筆修正の上、所収。
第四章「自由民権運動と西南戦争―鹿児島における民権家の思想と行動から―」(『法学研究』慶應義塾大学法学研究会、第七七巻四号、平成十六年四月)※拙著『近代日本の戦争と宗教』(講談社選書メチエ、平成二十二年)に一部、所収。
第五章「鹿児島三州社の一考察―「第二の私学校」の実態について―」(『武蔵野短期大学研究紀要』

第一八輯、平成十六年十月）
第六章「自由党幹事柏田盛文小伝」（『近代日本研究』慶應義塾福沢研究センター、第二一巻、平成十七年三月）※本書第四章でも一部活用した。
補章「西南戦争における鹿児島県警察―戦争関与の実態について―」（日本法政学会創立五〇周年記念論文集編集委員会編『現代政治学の課題―日本法政学会五〇周年記念―』成文堂、平成十八年三月）

執筆に当たっては、自由民権運動研究の第一人者であり、筆者の恩師でもある寺崎修・慶應義塾大学名誉教授より、折に触れて貴重なアドバイスや指導を受けた。ここに篤く御礼申し上げる次第である。現在の勤務先である慶應義塾大学法学部では、優秀な同僚が常日頃から筆者に刺激を与え続けてくれている。岩谷十郎・法学部長をはじめとする同僚各位に、感謝申し上げたい。柏田盛文令孫の柏田耕治氏、田中直哉の令孫・田中義久氏とともに両者の足跡をたどる旅をし、西南戦争の戦跡などを訪ね歩いたことは、得がたい体験となった。両氏からは貴重な資料も提供していただいた。ここに感謝申し上げる。

本書は、筆者にとって九冊目の単著である。これまで多くの出版社のお世話になったが、今回、最初に博士論文を刊行した際の出版社である慶應義塾大学出版会のおかげで刊行できたことは、大変光栄であった。担当していただいた飯田建氏に心より感謝したい。

平成二十九年五月　三田山上にて

小川原正道

人名索引

あ行

か行

さ行

た行

な行

は行

ま行

や行

ら・わ行

著者紹介
小川原正道（おがわら　まさみち）
慶應義塾大学法学部教授、博士（法学）。日本政治思想史専攻。
1976年生まれ。2003年、慶應義塾大学大学院法学研究科政治学専攻博士課程修了。
主要業績に、『日本の戦争と宗教 1899-1945』（講談社選書メチエ、2014年）、『明治の政治家と信仰—クリスチャン民権家の肖像—』（吉川弘文館、2013年）、『福沢諭吉の政治思想』（慶應義塾大学出版会、2012年）、『福沢諭吉—「官」との闘い—』（文藝春秋、2011年）、『近代日本の戦争と宗教』（講談社選書メチエ、2010年）、『西南戦争—西郷隆盛と日本最後の内戦—』（中公新書、2007年）、『評伝 岡部長職—明治を生きた最後の藩主—』（慶應義塾大学出版会、2006年）、『大教院の研究—明治初期宗教行政の展開と挫折—』（慶應義塾大学出版会、2004年）、などがある。

西南戦争と自由民権

2017年7月25日　初版第1刷発行

著　者————小川原正道
発行者————古屋正博
発行所————慶應義塾大学出版会株式会社
〒108-8346　東京都港区三田2-19-30
TEL〔編集部〕03-3451-0931
〔営業部〕03-3451-3584〈ご注文〉
〔　〃　〕03-3451-6926
FAX〔営業部〕03-3451-3122
振替　00190-8-155497
http://www.keio-up.co.jp/
装　丁————鈴木衛（東京図鑑）
印刷・製本———亜細亜印刷株式会社
カバー印刷———株式会社太平印刷社

Printed in Japan　ISBN 978-4-7664-2434-8